ZIJUE KEYI LIAN CHULAI

自觉可以练出来

吴牧天◎著

接力出版社
Publishing House

图书在版编目（CIP）数据

自觉可以练出来 / 吴牧天著 . — 2 版 . —南宁：接力出版社，2018.4（2024.3 重印）
（管好自己就能飞系列）
ISBN 978-7-5448-5385-9

Ⅰ . ①自… Ⅱ . ①吴… Ⅲ . ①自我管理–青少年读物
Ⅳ . ① C912.1–49

中国版本图书馆 CIP 数据核字（2018）第 026212 号

责任编辑：楚亚男　美术编辑：崔欣晔　封面设计：崔欣晔
责任校对：刘会乔　责任监印：刘　冬
社长：黄　俭　总编辑：白　冰
出版发行：接力出版社　社址：广西南宁市园湖南路 9 号　邮编：530022
电话：010–65546561（发行部）　传真：010–65545210（发行部）
http://www.jielibj.com　E-mail:jieli@jielibook.com
经销：新华书店　印制：河北鹏润印刷有限公司
开本：880 毫米 ×1250 毫米　1 /32　印张：8.5　字数：185 千字
版次：2014 年 6 月第 1 版　2018 年 4 月第 2 版　印次：2024 年 3 月第 20 次印刷
印数：297 001—302 000 册　定价：39.00 元

序　金山银山不如自觉好习惯

孙云晓

我没有见过吴牧天同学，也没有见过他的父母，但我特别关注吴牧天的自我管理，并且在无数次教育讲演中提到这个案例。原因很简单，这是一个极为难得的成功案例，他用成长的实践破解了许多教育难题，例如青春期叛逆与自制力、中学生习惯养成、父亲的教育等等。

国内外一般都把 10 岁至 20 岁认定为青春期，并且称其为惊涛骇浪的人生阶段。谁的青春不浪漫？谁的青春不叛逆？所以，青春期自然成为教育的困难期。吴牧天也不例外，生活在炎热的长沙，夏天里居然五天不洗澡，暑假就要结束却有大量作业没有完成。虽说这或许只是随性而为，也足以让父母头疼。因此，培养自我管理能力就成为当务之急。

当然，青春期也孕育着巨大的能量。真正的教育是自我教育，真正的管理是自我管理。吴牧天的惊人变化就是逐步学会自我管理。15 岁的某天放学后，吴牧天意外遭遇绑架，这对任何人来说都是致命威胁。吴牧天自然也极为恐慌，但在关键时刻，自我管理的能力救了他，即面对危机要冷静。他佯作顺从跟绑匪走，当发现一家饭店正在营业中，就猛然闯了进去，故意与端菜的服务员迎头相撞，还把桌子上放着的两摞碗推到地下，被几个服务员扭住去见经理。这就是自我管理的智慧，因为他估计突然呼救饭店不明情况未必救他，而造成损失后饭店不能不管他，这样绑匪无计可施他就安全了。机智脱险的经历让吴牧天对自我管理能力的重要性深信不疑，也给无数青少年及其父母最具震撼力的深刻启示。

不久前，在某直辖市某名牌中学讲课的时候，主办方恳请我不要讲习惯培养的内容，说习惯培养主要是对幼儿和小学生的教育方法，对中学生不起什么作用了。在中国青少年研究中心，我曾经坚持10年主持教育部的全国教育科学规划课题，即关于少年儿童行为习惯的研究，参与的学校绝大部分也是小学。所以，习惯培养不适合中学阶段似乎成为一种“共识”。然而，吴牧天的成功实践证明，中学阶段不仅也是习惯养成的黄金时期，甚至是更为重要更为关键的时期。

请看吴牧天自己的一段文字：

> 在我17岁生日那天，爸爸说“送金山送银山，不如送个好习惯”，让我开始写作自我管理日记。一年多时间后，我从美国念完高三并考上重点大学回来，爸爸要我把所有的日记放到一个文档里。
>
> 以前爸爸只是每天阅读我的日记，这次他一检查字数，吓了一大跳。一年时间我竟然写了30多万字的自我管理日记！

对我向来严格的爸爸，这次不仅流露出敬佩，也多少有些后怕，不由得说：

“这已经是写作三本书的素材啊。如果早知道你会写这么多字，说不定我根本不敢让你这样做——这是高考的一年，要花写三本书的时间写日记，难道不是太影响学习了吗？”

但此时，我却有了“甜蜜”的体会，于是对爸爸进行“教育”：

“爸爸，我一个人在国外，没有别人监督。如果没有这份自我管理日记，也许我不一定能考上大学。这其实正是印证了那句话：‘磨刀不误砍柴工’，学习就是砍柴，每天写作自我管理的日记，就是磨刀。我天天进行自我管理的实践，怎么能不自觉，学习效率怎么能不提高呢？”

我的确不是“蒙”爸爸，更不是讲大话。在我的自我管理日记中，记录得最多的，自然是那种自我要求、自我感悟和自我突破的经历。这对我的成长和学习的提高，是至关重要的。

大家完全可以设身处地地想一想，30多万字的日记说明了什么？一个青春期的孩子，在异国他乡独自生活一年多时间，坚持写日记的习惯给了他何等巨大的支撑力量。我自15岁开始写日记，至今已有40多年，由此养成的写作习惯成就了我一生。我时常感悟到，圣人倡导的一日三省吾身，也许只有坚持写日记的人才可能做到。

实际上，青春期作为人的第二次诞生，是一个人精神生命最为辉煌的阶段，最需要释放自己的能力，也最需要学会自我控制，而是否能够养成良好的习惯就成为最为关键的指标。比如，养成珍惜时间、读书、写日记、坚持运动、负责任、人生有目标做事有计划等自我管理的好习惯，将成为幸福人生最为重要的保障。

当我在讲台上讲吴牧天的案例时，可以明显感受到广大听众朋友的强烈认同与羡慕。是啊，哪个父母不渴望有这么优秀的孩子？可是，当我问到，如果您的孩子过 17 岁生日的时候，您告诉孩子，您给他的生日礼物就是建议他开始写日记，并且要给父母看，可以吗？父母们纷纷摇头叹息，一片无助甚至绝望。这或许说明，在一个成功孩子的背后，站着成功的父母；在一个失败孩子的背后，站着失败的父母。

研究者发现，人生来有两个发展方向，一是亲密性，二是独立性。母亲的天然优势与责任是培养孩子的亲密性，父亲的天然优势与责任是培养孩子的独立性。根据孩子成长的阶段性需求，专家建议，婴幼儿阶段，家庭教育以母亲为主；小学阶段，父母的责任各半；中学阶段，家庭教育以父亲为主。还有专家提出了好父亲的五个层次，即接受、喜欢、崇拜、感恩、信仰。

显然，吴牧天的自我管理能力与习惯的养成，主要得益于父亲的帮助，这些从他的字里行间可以得到充分的佐证。或许有人会说，吴牧天的父亲吴甘霖是著名的管理学家，能有几个父亲比得了？这话有几分道理，父母的水平对教育孩子至关重要。问题是许多有专业水平的父母为什么难以教育好孩子呢？再好的孩子也有犯浑的时候，当吴牧天在国外拒绝坚持写日记的时候，父母不仅温和地提醒和催促，父亲甚至写5000字来信与儿子谈心！试想，有多少父亲能够如此尽责尽力？

由此涉及一个问题，为什么许多学历高和职业成就显赫的父母教育孩子失败？为什么许多普普通通的父母把孩子教育得令人羡慕？研究发现，决定父母能否教育好孩子的关键因素，不是身体素质，不是文化素质，甚至也不是道德素质，而是教育素质，即教育孩子的理念、方式和能力。吴牧天的父母之所以教子成功，秘密就在于教育素质高超。

有一次，《羊城晚报》请我为南国书香节推荐好书。在没有任何商业背景的情况下，我首先推荐了吴牧天的《管好自己就能飞》，因为我确信这是对中小学生及其父母开卷有益的好书。如今，《管好自己就能飞》之二的《自觉可以练出来》，作为富有借鉴价值的实践篇，我敢说，这是国内极为需要而又极为缺乏的具有突破价值的珍贵经验。对家长而言，送金山送银山不如送个好习惯。对成长中的青少年而言，更是有金山有银山不如练出自觉好习惯。我十分愿意真诚推荐给广大青少年及其父母和教师，相信我，值得一读！

（孙云晓系中国青少年研究中心研究员、副主任，《少年儿童研究》杂志总编辑，北京市家庭教育研究会副会长）

目 录

第二章 学会学习：高效的秘诀是什么

第三章 学会做事：做解决问题的高手

第四章 学会共同生活：良好的人际关系从哪儿来

导读　好方法如何练出大自觉

写日记绝对不是难事，但是，要一口气坚持3年，写出约80万字的日记，恐怕没几个人能做到。而这，恰恰是20岁的我，已经做出的事情。

在《管好自己就能飞》出版之后，不少青少年与他们的老师、父母，纷纷写信给出版社与我。一方面，认为我能够这样坚持写日记，是高度自觉的体现，另一方面，称赞说写作这种以自我管理为特点的日记，也是培养自觉精神与自我管理能力的好方法。

他们不仅期望我能精选日记内容再出一本新书，让大家更直接地看到我如何面对和解决成长中的多种问题和挑战，而且也希望我分享：这个方法到底有何神奇之处？如果大家也要学着做，该掌握哪些要点？

于是，为响应广大读者的呼唤，在接力出版社的再次大力支持下，我推出了这本《自觉可以练出来》（《管好自己就能飞②》）。同时，为了更好地回答大家上述的问题，我从三个方面展开，让大家能更好地掌握此书的精华：

一、好方法为什么能养成大自觉？二、自我管理日记如何写出水平来？三、好习惯怎样才能养成？

一　好方法为什么能养成大自觉？

心理学家告诉我们：“人们感到某件事有价值并且有兴趣，才会努力去做。这就像一头不口渴的牛，你没法摁下它的头去喝水一样。”那么我怎么能做到如此坚持不懈地写日记呢？当然是因为这些方法，在我成长的过程中，有特别吸引我的地方。

1. 磨刀不误砍柴工

在我17岁生日那天，爸爸说“送金山送银山不如送个好习惯”，让我开始写作自我管理日记。一年多时间后，我从美国念完高三并考上重点大学回来，爸爸要我把所有的日记放到一个文档里。

以前爸爸只是每天阅读我的日记，这次他一检查字数，吓了一大跳。一年时间我竟然写了30多万字的自我管理日记！

对我向来严格的爸爸，这次不仅流露出敬佩，也多少有些后怕，不由得说：

“这已经是写作三本书的素材啊。如果早知道你会写这么多字，说不定我根本不敢让你这样做——这是高考的一年，要花写三本书的时间写日记，难道不是太影响学习了吗？”

但此时，我却有了“甜蜜”的体会，于是对爸爸进行“教育”：

“爸爸，我一个人在国外，没有别人监督。如果没有这份自我管理日记，也许我不一定能考上大学。这其实正是印证了那句话：‘磨刀不误砍柴工’，学习就是砍柴，每天写作自我管理的日记，就是磨刀。我天天进行自我管理的实践，怎么能不自觉，学习效率怎么能不提高呢？”

我的确不是“蒙”爸爸，更不是讲大话。在我的自我管理日记中，记录得最多的，自然是那种自我要求、自我感悟和自我突破的经历。这对我的成长和学习的提高，是至关重要的。

那么，写作自我管理日记所花的时间长吗？其实，一天也就是 10 分钟到 30 分钟的时间。这点时间，只要你肯做，是很容易做得到的。假如你在每天晚上，少一点闲聊打闹，少一点玩手机和网络游戏，绝对可以做到。关键是：你是否能下决心，花这一点时间去“磨刀”。

2. 失败乃成功之母，总结乃成功之父

我们都知道这样一句话：“失败乃成功之母”，但是光有失败行吗？肯定不行，只有学会总结经验教训，才可以最终成功。所以，我们更要懂得“总结乃成功之父”。

自我管理日记之所以能起到管理的效果，与善于总结密切相关。每篇日记都包括：

（1）关键词：即每天的主要内容，以最精练的语言概括出来。

（2）计划执行情况：第一天当然不会有了，但从第二天起，就得对头一天计划的执行情况进行实际的回顾，免得计划落空。

（3）今日最大收获：即今天取得的主要成绩，或在某方面得到的正面启示。

（4）今日反思：今日犯的错误或看到他人身上发生、自己应借鉴的教训。

（5）明日计划：对明天要做的事情，提前做好安排。

大家可以看得出来，写作这个日记的最大特点之一，就是要对当天的生活做总结。而其中，“今天我最大的收获是什么”是总结经验，“今天我最大的反思是什么”是总结教训。

经常这样练习，就能从发生在自己身上和身边的许多事情中，找到不断提升、不断进步的智慧与能力。且看我所写的一则日记：

8 月 10 日

关键词：帮助别人的三个层次

马上就要开学了。早上，妈妈送我到了黄花机场，我要先飞往上海，第二天再从上海转机飞往美国。

飞机还没降落，漫舅舅就早已经在虹桥机场等着接我了。

其实，从机场到我们预订的宾馆，无论坐地铁和公交车都很方便。而舅舅家在浦东，离虹桥机场很远。本来我再三说不要漫舅舅来接我，但漫舅舅说，他今天因为要去虹桥机场办事，正好顺便接我们到宾馆。

其实，我知道舅舅这么说，是为了让我不要有心理负担。看着他早早就在出站口等我们，我一方面很感动，另一方面也从他身上学到了一些为人处世的道理。

我觉得，帮助人，有三个不同层次——

第一个层次的人，明明没为别人做多少事，却要吹嘘自己付出了很多很多；

第二个层次的人，做多少事，说多少事；

第三个层次的人，为别人做了事，不仅不夸耀，还不让对方有心理压力和负担。

我觉得漫舅舅就是第三个层次的人，他这样做，不仅不会让人觉得他没有为你做事（因为我们心里都明白），反倒觉得他格外在乎和尊重你，不让你有任何心理压力。别看这是件小事，却体现了很高的精神境界。

这件事，如果发生在我没学会总结之前，我可能漫不经心，认为可能真是舅舅“顺便”来接我，更不会总结出帮助人的三个层次来。但是，因为有了总结的习惯，我就能时刻从表象去挖掘本质，并总结出一些人生道理，用以指导自己以后的人生。

总结经验就容易将好的方面“固化”，总结教训就是将自己不断“优化”。养成了这种总结的好习惯，进步自然就更快了。

3. 一年之计在于春，一日之计在于昨晚

这个日记还有一大特点，就是头一天要对第二天的学习与生活进行计划，第二天要对自己的计划做检查与总结。

至于计划的重要，世界顶尖企业销售培训家崔西曾有一段名言：

“这世界有两种人，3% 是做计划的人，97% 是不做计划的人。

到头来你会发现一个现象：3% 的人拥有了自己的事业，而 97% 不做计划的人在为这 3% 做计划的人打工。”

其实，是为人打工还是让他人为你打工，我现在还没有太多考虑，但我深深地体会到：如果能提前做计划，就能让自己科学地安排时间和精力，提高做事效率，并占得先机。

略举一小例：我刚上大学，发现要上的课在不同的教室。于是在正式开课的前一天晚上，约大家一起去看我们那些教室在什么位置。但大部分同学都觉得我多此一举，因为有地图，明天直接去教室就行了。

但是，我早已养成提前做准备的习惯，就自觉转了一圈，直到完全了解每一节课所在的教室位置。第二天，我就十分轻松地到教室上课了。

可是，却有一些同学，第二天就叫苦不迭。因为地图上用的全是缩写，课表上写的地址，有一些他们在地图上找不到，结果因为没有及时找到，而耽误了上课。还有的同学，早早起床却同样迟到了。

先做计划，让我尝到了许多甜头。看到我一则则因为早做计划而尝到甜头的日记，爸爸半开玩笑地点评说：

“常言道：一年之计在于春，一日之计在于晨。你却是一年之计在于春，一日之计在于昨天晚上啊！”

我突然想到很多人，一提到未来的事情就说“走一步看一步”“到时再看吧”“不急”之类的话，我觉得这样其实是对自己非常不负责的。

我很喜欢这样一句话："If you do not think about your future, you cannot have one."(如果你不思考未来，你就不会有未来。)

当然，计划不能放空炮，而我的自我管理日记，实际上符合一个绩效管理的良性循环：

"计划——落实——反思——改进——计划……"

这样就逼着自己每天对未来做计划、抓落实并不断改进，不仅能让计划很少落空，而且计划的水平会越来越高。

谁为未来计划，谁就掌控未来！学会提前做计划吧！

4."未来教育的四大支柱"，让你奋斗有方向

如果仅仅是记流水账，我想恐怕没有任何人会坚持记下来。但当初爸爸要我写日记时，就要求我以联合国教科文组织国际21世纪教育委员会提出的"未来教育的四大支柱"展开——"学会生存、学会学习、学会做事、学会共同生活。"并期望我通过这样的努力，"做最好的'90后'"。

这样的做法，就引导着我关注对自己成长有价值的事物，并把它们记下来。这样的记录，正是一个青少年的成长足迹。如从来没有学过美国历史的我，当上美国历史老师的助教时，会真正体验到"绝对不要预先打击自己"；再如上大学时我去打工，当我第一次辛苦工作好几个小时，拿到为数不多的工资时，我会明白"赚钱真辛苦，花钱当思赚钱时"；当我无私帮助一个老教授，却得到意想不到的橄榄球赛门票时，我会深感"行善可开运"；

等等。

二 自我管理日记如何写出水平来？

相信大家都写过日记，但是可能，不要说难以对别人有启迪，自己看起来也没有意思。所以在写日记的时候，我也尽量像写吸引人的文章那样，要求自己重视三点：生动鲜活，有真知灼见，还有管用的方法。

为达到上述效果，我强调了三点：

1. 不当“生活的过客”，要当“生活的有心人”

我很喜欢这一句格言：“这世界在根本上并不属于有钱人或有权人，而是属于有心人。”于是，对周围的事物，我不会漫不经心，总会注意观察和体验，去寻找并总结出有味道和有价值的地方来。

且看我的一篇日记：

关键词：两只小松鼠教育我们如何获得珍贵友情

今天在路上看到两只小松鼠。它们面对面坐着，各自手里拿着个坚果往地上砸。

有一只小松鼠砸了很久都没有砸开，而另一只很快就砸开了。它把坚果砸开后，把能吃的部分掏了出来，准备吃。

但是当它看到对面的松鼠时，非常有爱的一幕发生了——它把果肉咬掉一半，然后边嚼边把另一半递给对面还在砸坚果的伙伴。

对面那只松鼠于是暂时放下了手中的坚果，接过那半个砸开的坚果，幸福地享用起来。

多美的画面啊！可惜的是，在我打算用手机拍摄下来时，它们被我惊动，一下子蹿走了。

我想，有时候，友情其实很简单，就是和朋友分享自己拥有的那个坚果而已。

瞧，如果只是当生活的过客，我可能不会这么细致去观察生活，即使看到了，也可能哈哈一笑了事。但是，当我开始当“生活的有心人”时，我就开始不一样的观察与总结了。

我相信，假如你也能当“生活的有心人”，你的生活也会开始不一样。

2. 以《读者文摘》选稿三大标准要求自己

《读者文摘》是美国最畅销的杂志之一，之所以很受欢迎，很可能与其选稿的三大标准有关：

第一，有一个让人记得住的故事；

第二，有一个给人启迪的观点；

第三，适合转述。

我自觉把这一标准，应用到我的写作上。

就说上面那篇日记吧！——松鼠分坚果，就是一个让人容易记住的小故事，而“友情其实很简单，就是和朋友分享自己拥有的那个坚果而已”就是给人启迪的观点。后来，我与朋友们交流，结果许多人都分享，妈妈把这放到她的QQ群中，许多朋友纷纷转载。

这样去写，不就是将三者结合起来，自己读起来很爽，同时也容易吸引人吗？

3. 要有真知灼见，更要勇敢创新

写作自我管理日记时，格外要重视真知灼见。所谓“真知”，就是真实的体验和感受，所谓“灼见”，就是见解一定要独特，让人能眼睛一亮，甚至让人感到“灼人”。

且看我的一则日记：

前些天，我发现有一位美国高中生，特别擅长与人打交道，尤其是对人提出建议或者期望时，往往很有效果。我便向他请教。他告诉了我这样三个步骤：

第一是询问近况，第二是夸赞对方值得肯定的地方，第三才是来到主题。

我觉得他的体会十分精辟：第一步是以寒暄的方式轻松拉近距离，这样不会让人紧张；第二步是“情感铺垫”，达到人际关系上“喜欢引起喜欢”的效果；在这样的基础上，再走第三步，提出建议或期望，别人就容易接受了。

这三点符合做总结时需要的“会说一、二、三”，但是，

我觉得还不好记忆。正好我在美国学习，英语能力有所提高，于是，我用一个最简单的“ABC 法则”将这三个步骤概括出来：

Ask （询问），Boast （夸赞），Come to the topic （来到主题）。

对掌握英语的人来讲，这样的法则应该很容易记住了。用“ABC”的方式一概括，在我与同学们分享时，不少同学都拍案叫绝。

这则感悟，其实是有点受爸爸教给我的“珍珠记忆法”的影响，但是，又超越了“珍珠记忆法”，爸爸给我做点评时，还格外称赞学习需要“学而能创”，说这就是个典型。当我们能时常从自己的日常生活中，总结出这些具有创新见解的“真知灼见”时，你的进步会不会更加快速呢？

三 好习惯怎样才能养成？

1. 没有点点滴滴，哪来轰轰烈烈

我很难忘记：那一年暑假回来，爸爸看到我的日记，说是足够写三本书的材料，我尝试着问：“爸爸，我也能写书吗？”爸爸说：“有什么不行？只要你不要装权威教育人，而是与同龄人分享就可以了。”于是，在他的鼓励下，才 18 岁的我，就利用那个暑假写书了。

说实话，写作的过程是痛苦的，但是我还是着坚持着写下去。终于有那么一天，当写完这本书的最后一个字，我惊喜地发

现：我竟然写了 12 万字。其中有些章节，尽管还没有接受读者的检验，但我自己也知道水平不错，终于忍不住“自恋”地感叹了一声：

“天哪，这是我写的吗？这么多的字，我是怎么写出来的啊？”

爸爸微微一笑，对我说：

“你是一个字一个字写出来的。”

爸爸的话很幽默，声音也很轻，但对我如同醍醐灌顶。

是啊，谁能想到一个中学毕业生能以这么短的时间，写出这样一本书来呢？何况还是一个学理科的学生？

没有写之前，我曾经是那样胆怯和畏惧。一个多月时间要写下 10 多万字，恐怕许多人都会不寒而栗。只是因为当时下了决心，之后就天天坚持写，一本书稿竟然真的在我笔下产生了。

其实，写作自我管理日记不更是这样吗？之所以能写出 70 多万字的日记，其实就是天天坚持啊。

我深深地感慨：

没有点点滴滴，哪来轰轰烈烈！

只有点点滴滴，才能轰轰烈烈！

其实自我管理很简单，就是：从我做起，从现在做起，从点点滴滴做起！

2. 重视“21 天习惯养成定律”

在记自我管理日记的过程中，我经历过这样一个过程：开始时信心满满，而且觉得是在做一件很有意思的工作。但是，七八天以后，就开始倦怠，觉得没有什么东西记，没什么意思，有时又觉得别人不记，我费这个劲头干什么，有时又觉得玩比记日记有意思多了……

这样的心态自然影响写作的状态，有时就拖到很晚才发给爸爸妈妈，有时敷衍了事，有一次干脆就不写了。

这时候，爸爸没有放过我，不断提醒我，当天没有写就要我第二天补写，而且还指出要如何写得更“出彩”。我只好硬着头皮写下去。

等到我写了约 15 天后，我就开始感到写日记不需要那么多自我纠结了，每天晚上可以较为准时地坐下来写，还会琢磨如何写得更有意思。大约 3 周之后，就开始觉得写作有一些意思了。有时不写，还觉得心中有件事没做，空虚，甚至还有点罪恶感。

我把我的体验告诉当培训师的爸爸，他这时笑着露底了。他告诉我，这就是著名的“21 天习惯养成定律”：因为旧习惯对人的影响很大。所以，要养成好的习惯，起码不间断地坚持 21 天，才有基本的雏形，要坚持 90 天，才基本固化。

所以，不管是写作自我管理日记，还是要养成其他新的好习惯，请大家一定记住：起码要坚持 21 天！如果担心自己做不到，可找一个监督人，如父母，督促你完成，这样就更容易养成好习惯。

3. 不是因为生活精彩而写日记，而是因为写日记生活更精彩

经常有人问这个问题：要记日记，首先得有东西记，一个学

生，哪有那么多东西可以记录啊？

这样的看法，我本人也有过。有几次，我的日记发晚了，爸爸妈妈就催问我为什么没有发，我就如此没好气地回答。

但是，爸爸妈妈引导我：如果你以应付的心态去写自我管理日记，那肯定会经常觉得没有素材，但是如果抱着提升自己的目的去写日记，就必然能找到更多写作的材料。

一语惊醒梦中人，这时我才明白：原来，不是因为生活精彩才写日记，而是因为写日记，生活可以更精彩。为什么不以此为契机，让自己每天都活得有意义，从而让每天的日记也能记录得更有价值呢？

于是我便拥有“天天不白过、天天有进步”的心态了。如果某天自己的事情实在没有什么值得记下，我便去读一本书，或上网去搜寻一些格言或故事。这样，即使不是发生在我身上的事情，但也成为我成长的“正能量”——我再也不愁没有东西可写了！

4. 跟每个妥协和放弃的念头做斗争

好走的都是下坡路。人都有惰性，也常想偷懒和安逸。其实，在整个写作日记的过程中，我也有过不少次想放弃。之所以能坚持下来，就是能与每个想妥协和放弃的念头做斗争。略举一例：

一次，要写一篇有关经济大萧条的论文，老师要求写满满两页纸。我因为本来就对美国这段历史不熟悉，一开始还有不少抵

第一章

学会生存：当自己人生的负责人

17 岁的独特生日礼物

今天是我 17 岁生日，根据老家湖南的习惯，全家人会为我过生日。可是，我现在在北京新东方学习外语，为高三作为交流生去美国学习做准备。全家人只有爸爸和我在一起。于是，他带我到一家不错的饭店吃一顿，以示庆贺。

吃饭时，爸爸说："孩子，你今天满 17 岁了。明年的今天就是 18 岁。你要去迎接你的成年礼了。我要代表全家人，送一份特别的生日礼物给你。"

我抬头一看，既没有袋子也没有盒子，忍不住问：

"爸爸，你要送的礼物呢？"

爸爸微微一笑，说："有句话说得好，送金山送银山，不如送孩子一个好习惯。我要送一个对成长中的青年人格外有用的礼物给你——一个自我管理的好方法。"

对自我管理，我并不陌生。这些年来，爸爸妈妈一直让我做这方面的实践，我也知道自我管理的核心，就是"不要别人逼，我就能做好"，并充分尝到了甜头。那么，爸爸究竟会送我怎样一个自我管理的方法呢？

爸爸告诉我，在海尔集团，有一个“员工每日四问”，实际上是让员工问自己是否“天天增值”。虽然具体的做法并不适合我这样的学生，但是可以借鉴其每天自我要求、自我监督的方式。于是，他“发明”了一个“自我管理日记”，以帮助我这样的青少年学生更好成长。

“自我管理日记”，要求我每天依次记录这么几个方面：

（1）关键词：即每天的主要内容，以最精练的语言概括出来。

（2）计划执行情况：第一天当然不会有了，但从第二天起，就得对前一天计划的执行情况进行实际的回顾，免得计划落空。

（3）今日最大收获：即今天取得的主要成绩，或在某方面得到的正面启示。

（4）今日反思：今日犯的错误或看到他人身上发生、自己应借鉴的教训。

（5）明日计划：对明天要做的事情，一定要提前做好安排。

对于如何记录具体的内容，爸爸要求我不要记流水账，而要记录一些对自己成长有价值的内容。为此，他要求我以联合国教科文组织国际 21 世纪教育委员会提出的“未来教育的四大支柱”展开，就是“学会生存、学会学习、学会做事、学会共同生活”，并期望我通过这样的努力，“做最好的‘90 后’”。

之后，爸爸向我讲述了总结与计划的好处。

关于总结，他是这样讲的：“失败乃成功之母，总结乃成功之父。”最有进步的人，往往是最能总结的人。

关于计划，他讲述了世界顶尖企业销售培训家崔西的话：

“这世界上有两种人，3% 的是做计划的人，97% 的是不做计划的人。到头来你会发现一个现象：3% 的人拥有了自己的事业，而 97% 不做计划的人在为这 3% 的做计划的人打工。”

爸爸的话对我有很大的触动。我觉得：18 岁不仅仅是一个年龄的概念，也代表着成熟。爸爸让我养成这样的习惯，的确能让我更加成熟和出类拔萃，并提高自己学习和做事的效率。

爸爸说记好日记的关键，不在于一次写多好，而在于天天坚持，问我能不能做到。我说：

“爸爸，我懂得盖房子的道理。尽管一片瓦、一片砖不打眼，但这样点点滴滴做下去，摩天大厦也有可能在自己手中产生。”

爸爸拍了拍我的肩膀，笑着说：

“记住你自己讲过的话。只要你能天天坚持，到了明年的今天，你会发现这是我送给你的最好的成长礼物！”

—— 点评 ——

孩子，让你写计划和总结，的确是给你增加了一点负担。为什么要这样做？是因为，父母再爱孩子，也不能代替你去生活；父母再优秀，也无法代替你去成长。

那么，就不如让你自己为自己负责，自己来管理自己吧。

许多父母都希望孩子“听话”，但我和你妈妈认为：与其让孩子听话，不如让孩子自觉。这其实也符合现代管理学之父德鲁克的核心理念：“最好的管理是自我管理。”

希望你通过掌握这个自我管理的工具，让成长插上飞翔的翅膀！

主动不主动，相差一百倍[①]

今天跟爸爸在饭馆吃饭时，因为是为我过生日，同时爸爸讲了半天课累得不行，我们想坐一个舒服点儿的卡座。

但是，服务员看我们只有两个人，就明确说：卡座能坐六个人，所以希望我们坐一个小桌子。

爸爸笑了笑，没有再与服务员交流，而是直接走到值班经理面前，说："经理您好！我要特别谢谢你们！你们饭店的菜做得非常好，我们常常来这里吃饭。"

经理本来在算账，一副疲惫的样子，但听爸爸这样一说，眼睛一下有神了，然后满脸堆笑，也对爸爸表示感谢。

这时，爸爸又说："正因为你们的菜做得好，今天是我儿子生日，所以我特别安排到你们这里来庆贺生日。我知道一个卡座坐两个人是有点浪费，但是我的确想在您这里，给孩子留下一个美好的记忆。请问您能不能照顾一下，帮我们安排一个卡座，好吗？"

---

① 此文在日记中与上文是一篇，为了让读者对主题有更深的印象，此处单独成一篇。

爸爸这样一说，经理竟然没有任何推辞，而是连连说没问题。之后，他不仅给我们安排了一个卡座，还特别送了一个果盘，作为对我的生日祝贺。

从一开始遭到服务员拒绝，到后来我们不仅能得到卡座，还免费享受了果盘，这样一个变化，真让我看得有点目瞪口呆。我不由得对爸爸敬佩地说：“爸爸，你这样会说话，让别人都不好意思拒绝你。你真是太牛了！”

爸爸微笑着对我说：“这不算什么。其实，会讲话固然重要，但更重要的还是要有积极的人生态度。你要知道，要成为一个优秀的人，就应该养成一个习惯：要主动促使事情发生，而不是被动等待机会降临。”

我突然有所感悟：在我新东方 SAT 的班上，孙瀚人同学创建了一个 QQ 群，并将群号码抄在了白板上。老师看到了他抄的群号码，与他一沟通，发现他很有号召力，就任命他为班长。

当然，他被提拔为班长并不只是因为会建 QQ 群，但是，正因为他这样做了，才引起了老师的关注。同时这样做也体现了主动付出的精神，所以在一定程度上也赢得了成为班长的机会。

这给了我很大的触动。以往，我在相当程度上是一个被动的人，一件事情感觉不行了，我就放弃努力了；而且，我老是等着别人关心自己，却没有想到更加主动地促使事情发生。

我不由得想起我喜欢的篮球明星乔丹的一句名言：“主动不主动，相差一百倍。”以前，我虽然知道并喜欢这句话，但仅仅是把它当成一句格言记住，而现在，我却对它有了切身的感受！

点评

一个优秀的人，必定能当生活的主人翁。

而要做生活的主人就必须要做环境的主人；要做环境的主人就必须要做自己的主人；要做自己的主人，就必须处处主动。

优秀的人，无一不是主动的人。他们不会被动等着事情发生，而是去促使它们往积极方面发生和发展。

不试哪知行不行

尽管上次爸爸以现身说法的方式，让我感觉到主动的价值，但是，改变自己并不是很容易的事情，昨天我还是吃了个小“亏”。

我们食堂难得吃一次包子。昨天早餐时，我去得稍晚点，吃完发给我的包子之后，我就犹豫要不要再向食堂师傅要求加一个。尽管有时候我们吃完还是可以加，但是我曾被这位食堂师傅拒绝过一次。我担心像以往一样，他不给加，我又会丢脸白走一趟。最后还是选择了不开口。

结果回到教室，听我几个朋友说，他们都要求加包子并且多得到一个包子，于是我后悔了半天。

虽然看上去是一件很小很可笑的事情，不过我想，以后很多事情都会像是这个包子，你想要它，但是却怕得不到，又犹豫要不要去争取一下，最后还是不敢追求。所以，我昨晚就暗暗下了决心：如果再遇到类似的事情，一定要果断地去争取，不让自己留遗憾。

今天新东方一位老师给我们上课，不经意透露了一个信息：

他给一个更高级的班上课时，有另一份讲义。这是我特别佩服的一位老师，他的那份讲义必定对我提升外语有很好的帮助。所以一听到这个消息，我心里就怦怦怦地跳起来。

我太期望得到那份讲义了，可是我又十分犹豫：那毕竟是老师的心血啊，何况，别的同学没去要，我单独去要，他会答应吗？如果被他拒绝，不是会更丢面子吗？

就在这时，那天爸爸去争取卡座的情景，昨天我错失包子的后悔，又在我心中浮现出来。我决定：哪怕被他拒绝，我也一定要向老师要这份讲义。

果然，和我意料中的一样，老师听完我的要求，微微一愣，说："这是比你们的课程高一阶段的课，你又没有报那个班的学习，请问为什么我要给你呢？"

糟了，真的要被他拒绝了！照以往的做法，我可能就会道歉并立即告别，带着丢脸的心情走掉。但不知道为什么，我坚定地告诉自己：绝对不能放弃！

于是，我深吸了一口气，对他说：

"照一般的做法，我是没资格向您要这份讲义的。但是，您讲的课实在太精彩了，我觉得要提升我的外语水平，上您的课能起到最直接的作用。但很遗憾的是，我没有更多时间去听您的那些课，这实在是我现在最大的遗憾。所以只能厚着脸皮求您了。您能看在我这份情感的面上，给我特别的关照吗？"

奇迹啊！老师一听完，当即一笑，并在我的肩膀上拍了一下：

“所有的老师，都希望自己的成果能得到学生认可，而且我也格外愿意帮助好学的学生。好的，我就破例把这份讲义给你吧！不过一定要好好学习啊！”

捧着他给我的讲义，我不由得心花怒放，巴不得对所有人说：

的确，主动争取和被动等待，效果绝对不一样！

以后我要牢记：一定不要在没有尝试之前，就提前打击自己啊！

—— 点评 ——

错失了可以拿到的包子，却鼓起勇气得到了一般人不敢去要的讲义。这是一个极大的进步。

首先值得肯定的是，这种能认识到自己的缺点，并下决心向自己挑战的做法，正是一个人能取得进步的关键所在。

其次，你已经亲身体验到主动争取与被动等待的区别。恭喜你！这正是把握了生存智慧的核心。上述两种不同的生存方式，必然会给人带来不同的命运。

至于具体如何突破，也值得肯定。你之前的问题，其实也是大多数青少年在成长的过程中遇到的共性问题：害怕被拒绝。

但是，正如《士兵突击》里面的主人公讲到的：“不要对没有尝试过的事情说‘不可能’！”退一万步讲，即使被拒绝了，也没有什么了不起。

所以，尽管开口，大不了回到原点！

遇到危险，第一时间冷静

前两天，北京地铁 4 号线动物园站向上的扶梯突然下滑，导致了 1 死 28 伤的严重事故。

今天看到一则报道：在这起事故中，有一个女孩伤得是最轻的。为什么呢？因为在别人都跟着下滑的扶梯滑下压在一起时，只有这个小女孩紧紧前仰着靠在扶手上，然后双腿弯曲，没有随着扶梯一起滑下去，跟大家压在一起。

这个事件给了我们每个人一个教训，就算是在科技相当发达的城市，也可能会因为机械故障出现安全问题，因此我们必须格外小心。

与此同时，这个女孩，也给我们树立了一个很好的榜样：就算遇到危险，也要在第一时间冷静，临危不乱，随机应变，这样就能将伤害最大程度地减小。

从这个女孩的故事，我不由得想起我刚进高中不久，遭遇绑架而想办法逃脱的经历：

记得那是一个寒冷的冬天，我利用放学后的时间和一位同学去买班级圣诞节表演需要的东西。买完后，同学带着东西先回学校了。我走出商场正准备回家时，突然有人把我叫住，问我是不是麓山国际学校的。我穿着校服，他认出也不奇怪。那人便向我打听学校的一些情况。这样我们一边走一边对话，到了商场门口。

正逢周末，等了近 20 分钟也没有等到空车。天冷，我有点熬不下去了。那个人对我说：

“这个地方很难搭到车啊！我有一次等了一个小时也没有搭上。不过我知道前面有个小巷子，穿过去到那边就好搭车了。我准备从那里搭车，你也去吗？”

我那时归心似箭，就跟随他去了。没想到走进小巷，越走越偏僻，当我突然警觉起来想回头走时，那家伙竟然拿一把刀抵住了我的后背，同时，恶狠狠地对我说：“老实点跟我走！不然有你好受！”

一瞬间，我觉得简直是做梦。坑爹吧？天哪，这不就是电视里看过的绑架吗?!我怎么能相信这真的发生在自己身上?!

当然我吓得双腿发软，又十分后悔：后悔没有听爸爸妈妈关于注意安全的叮嘱，后悔没有听老师关于安全的教育。之后就不断期望：要是刚才那两个同学没走，就在前面看到自己多好，要是爸爸妈妈在多好，哪怕有一个陌生人看见，呼救也好……

但是，不管怎样期望，这一切都没有发生！

就在我最慌张的时候，我突然想起妈妈经常给自己讲的一句话：“不管遇到什么情况，第一时间要冷静！”于是，我深呼吸一口气，强迫自己镇静下来，对自己说：“不要期望别人救你，你只能自己救自己了！”

之后，我的脑袋开始飞速旋转，闪过三套方案：

第一，硬拼，我打不过。

第二，大声呼救，说不定挨一刀。

第三，跟他走下去，后果不堪设想。

于是，我得出结论：只能一边稳住歹徒，一边想办法逃脱。

当走出小巷的那一瞬间，我找到了方法：眼前有一家饭馆，里面有不少人在吃饭。正好有服务员端着菜从门口经过。我佯装很配合歹徒，让他放松警惕。在靠近饭店的一刹那，如箭一般冲进饭店，然后啪啪啪将服务员手中的两盘菜打翻在地。服务员尖叫起来，饭店里所有人的目光都被我吸引过来。见旁边桌子上放着两摞碗碟，我又将它们掀翻在地。

这样一来，可有意思了。如果说前面打掉服务员手中的菜是不小心，那么掀翻两摞碗碟就是有意来捣乱了。既然认定是捣乱，饭店工作人员就不会轻易放过我，把我带到了后面的经理室。

于是，我就高高兴兴地被抓进去了，自然，那歹徒只能是灰溜溜地走了。

没有亲身经历的人，很难想象当自己遇到危险的时候，那种恐惧、无助的复杂心情。但是，从我的体验来看，这时候最重要的不是别的，而是千万要镇定又镇定，让自己冷静下来。

因为方寸一乱，一切全乱，“万事忙中错”，这个“忙”就是慌忙。

与此相反，“冷静是最好的护身符”，所以要第一时间冷静下来。

点评

有一次参加一个国际型人才会议，我曾经问他们优秀人才的标准，其中有一条给我很深的印象：“永远保持一个冷静的大脑和一颗热忱的心。”我们通常只注意一颗热忱的心，却不知道让心时刻热忱的同时，头脑冷静很重要。

冷静更是遇到危险时最重要的素养，因为只有冷静下来，你才会不盲动，才会思考每种方式带来的结果，这叫“结果思维”；同时，也能找出最理想的方法，这叫“方法意识”。

锻炼情商：先了解情况再表态

过几天，我就要作为交流生，去美国念高三了。这次去，是到堪萨斯州一所中学学习，并住在一个志愿者家庭中。

今天，我与家里人讨论了一个敏感问题：不少人去美国时，是想进一步留学，交流中心的不少人也清楚，心中也有顾虑，因为有的家庭担心你只把交流当成跳板，心理上不舒服不说，也有可能不支持你。

我当然百分百愿意去完成交流任务，记得当初面试的时候，我就说过我不仅要好好学习和体验美国的好东西，也愿意将中华优秀的传统文化传到美国。可是，我的确也有将来在美国上大学的想法。那么该怎么办呢?

爸爸妈妈没有表态，让我谈谈自己的看法。

我想了想，认为这样比较妥当：等我到了美国那边，第一时间要搞好学习，并做好一切要求的交流工作。之后，当我想要寄宿家庭支持我申请大学时，最好先不直接要求他们帮助，而是先问他们意见。比如这样说：

“我跟我爸妈三个人的意见一直没有统一，我爸爸认为如果我交流这年觉得美国教育好，就让我留在美国继续发展，而妈妈对我比较挂念，希望我在国内发展，毕竟我在国内的成绩也很出色，而我现在也没有做决定，所以我想征求一下您的意见，您的意见对我说不定将会起到决定性的作用。”

爸爸妈妈问我为什么会这样去考虑。我说，这既是目前的真实情况，同时我也想起了著名心理学家、《情商》作者戈尔曼讲述的一个现象：

两个小朋友来到一个新的幼儿园。当大家在活动或做游戏时，其中的一个小朋友忍不住就要发号施令：“这样做才对，大家都听我的。”结果，哪怕他能力很强，大家往往也不买他的账，他成为处处碰壁的人。

而另外一个小朋友，哪怕能力再强，也不表态，而是先观察，看看大家的行为法则，尽可能摸清其他孩子的个性特点，然后采取合适的方式，逐步引导他们。最后反倒他更有影响力，甚至后来成为领导。

戈尔曼的“情商理论”包括几个方面，我觉得最关键的，是“管理好自己的情绪”与“管理好别人的情绪”。在某些敏感问题上，先不表态，而是先征求别人的意见，这其实就是“管理好别人的情绪”的基础，而这点，往往许多人会忽略。

而我，之所以让寄宿家庭先表态，有如下的考虑：

首先，先问对方的意见，不会显得太唐突、太失礼。而且，如果对方不是太支持，最终决定权还是在自己手上，我也可以逐步影响他。如果一开始直接讲就可能造成强烈的对立。

如果对方支持，那我不仅仅能得到支持甚至帮助，而且也让他有成就感，能更支持我继续留在美国发展。

点评

戈尔曼说："人的成败，20%在于智商，80%在于情商。"一个让人棘手的问题，你能从情商的角度去思考，并得出这样妥帖的方案，很好。

在与人相处时，许多人习惯于首先表达自己的意见。实际上，先问问对方的想法，恰恰体现了一种成熟的智慧。原因有三：

第一，会让对方感觉受到尊重，更容易接受和支持你的看法；

第二，就算别人提出不同意见，也可能会帮助你更全面地认识事物，甚至帮你看到你没有看到的问题。

第三，能适当给自己留条退路，让自己更有回旋余地。比如说知道他此刻肯定不同意，将来找到合适的方式和时机，再去影响他，可能更有效果。

以最快速度融入新环境

在美国生活已经一个多星期了。

今天从学校回到寄宿家庭家里，寄宿家庭的妈妈问了我一个简单的问题：

“你是自己一个人吃午饭的吗？”我说不是，这些天都是跟几个新交的朋友一起吃饭的。

她接着问：“为什么呢？”

我说，因为刚到一个新的环境，我应该尽快去融入。因此，主动与大家打成一片，主动去自我介绍，主动去了解别人，这也让别人自然对我多一些关心。

寄宿家庭的妈妈一下子就觉得放心多了，说道：

“那真是太好了，我就担心你会和不少交流生一样，刚来的时候在学校里干什么都是自己一个人，这样就难交到朋友。”

“看得出来，你融入新环境的意识和能力很强啊！”她补充道。

是的，虽然时间不长，但我已很快融入了寄宿家庭和学校。总结来说，我觉得下面三个方面很重要：

第一，第一时间与人打成一片。

绝对不能封闭自己，也不能独来独往，要重视交流。在学校，我不仅和同学一起吃饭，也主动去认识很多同学，在路上碰到都会主动打招呼。这一来，大家也以同样的方式回应我，让我在异国他乡觉得很温暖。

第二，注重沟通方式。

举个小例子来说吧。在跟寄宿家庭的妈妈交谈时，我们聊了很多中国人和美国人在食物和生活方式上的差异。

她特别提到，说我的眼神交流做得非常好，他们美国人就很不喜欢别人在交谈的时候不看着自己的眼睛，他们认为这是相当不礼貌的。而我在交谈时，总是重视与对方进行眼神交流，因为这是真诚、有教养的表现。

第三，主动做事，体现主人翁的精神。

有天晚上，寄宿家庭的爸爸开会去了。小弟弟在哭闹，说数学作业不会做。寄宿家庭的妈妈无法教他，怎么安慰都没用，让他自己好好思考下。他还是止不住哭，说自己根本不会做，老师讲得不清楚。

当时我也有一堆作业要做，但是听到这一情况后，就主动走过去对他说，别着急，我会教他做。

虽然他不哭了，但还是带着怀疑的眼神看着我。我便坐下来，耐心地一一指点他。最终不仅帮他“搞定”了作业，而且还提高了他学数学的兴趣。

寄宿家庭的妈妈不断地对我说谢谢，而这个小弟弟也夸我说：“你是数学天才，比我们老师强多了！”

哈哈哈，尽管我知道这是夸张，但这话听着心里暖滋滋的。

今天下午我们全家做大扫除，我要做的是给楼下的地板吸尘。我做得很细致，寄宿家庭的妈妈下楼来看时，发现地板非常干净，连死角里都清理干净了，然后表扬我，说我做得又快又到位。

哈哈，既然他们家给我提供了便利的条件，我当然要勤快、用心地做事了。对主动做事的孩子，我想全世界都应该是喜欢的吧？

—— 点评 ——

都说“儿行千里母担忧”。其实，你到万里之外的美国去读书，不仅母担忧，父担忧，全家都很担忧。

但是，看到你的这份日记，我们就没有那么多的担忧了。

到新地方不自我封闭，要第一时间与人打成一片，而且能主动做事，这是能赢得他人接受和肯定的基础。不仅能让你在家庭中，也能让你在学校和社会中更加自如和自信。

其中提到的注意眼神交流，也格外值得重视。中国驻外大使吴建民，曾出版过有关交流学的著作，讲过这样一件事情：有一次，一个中国代表团去海外招商引资，结果一个大的项目没有做成，原因是：这个代表团的团长，在与对方握手时，竟然不与对方对视，而是看着他的背后。对方觉得他没有礼貌，于是就放弃与他们合作了。

这种国际交流的细节，怎么能不重视呢？

“此心安处是吾乡”

今天，我突然看到国内同学发的一张照片——一碗香喷喷的鸡蛋面！还带葱花的!!! 附上的照片说明是：“我不是有意要打击各位已经在国外奋斗的交流生同志们，我只是想给你们一些精神上的鼓励！我替你们吃啦！哈哈哈！”

这照片说明拍照片的人有多欠扁！于是我突然开始异常想念国内的食物，想吃中国的面条，更想吃中国菜和米饭。如果是放点我们湖南的辣椒，那就更好了……

于是，我想家了！尽管当初到美国学习时，我充满向往，尽管从北京机场出关走向世界，我义无反顾，尽管到这里后我也充满了喜悦并尽快融入新的环境，但是，实实在在地说，我确实有些想家了。

这些天，我很想家乡的人，想家乡的菜，更想家中的安宁与温暖。虽然我年纪轻轻，但因为离家万里，我真的染上了“乡愁”：

首先是饮食方面的差异。在国内主要吃米饭，但在这里基本上是面包、糕点，基本算不上有什么味道。而且因为住在别人家里，虽然处于长身体的阶段，但我有时也不敢多吃。

之后是社会方面。刚来美国时，我对美国人的印象都挺好的，觉得他们都很友善。但是一些事情也让我感觉很不好，例如今天在体育课更衣室里，有一个拉美移民过来的人，跟一个美国当地人吵了起来，之后狠狠地打起架来。还有一次看电影，一个年轻人被抓起来了，原来是因为他贩毒。还有一个在其他学校的同学告诉我，他们那里发生了杀人事件。这些都让我一次次感到不安全。

此外就是身体的不适应。其实也没有什么大事，偶尔一次感冒，寄宿家庭的爸爸妈妈，也对我很关心，问寒问暖。可是他们越关心，我就越不安，怕给他们添了不应有的麻烦，不像在爸爸妈妈身边，病了，能很自然地接受呵护和爱，不会有什么心理负担……

我突然觉得：

家不仅仅是指一个地方，更是在你脆弱的时候给你支持，在你开心的时候陪你分享，在你寒冷的时候给你温暖的地方。所以不管到了哪里，最想念的还是自己的家呀……

今晚，我在ＱＱ上与国内的爸爸妈妈交流了我的心理，我说我甚至有买机票立即回家的冲动。爸爸妈妈给了我很大的安慰，至于吃饭的问题，妈妈还给了我一个建议：让我自己掏钱，每周去亚洲超市买些中国零食以及做饭用的材料，如果有可能，也可尝试着自己做点中国菜，在自己吃的同时，还可以和他们一起品尝……

爸爸没有说太多，而是发了一首苏东坡的词给我。词是这样的：

定风波

常羡人间琢玉郎，天教分付点酥娘。自作清歌传皓齿，风起，雪飞炎海变清凉。

万里归来颜愈少，微笑，时时犹带岭梅香。试问岭南应不好？却道：此心安处是吾乡。

这词有故事，意境也很美，但最震撼我的，是最后的那一句："此心安处是吾乡。"

是啊，我现在那么思念故乡，是因为我现在对自己的环境还有不满，心安不下来。但是，我来美国学习，不正是为了有更大的进步和发展吗？先适应周围这些与原来环境不同的事物，不就能让心安下来吗？

还有，无论是苏东坡也好，还有词中写到的那个说"此心安处是吾乡"的歌姬也好，都是去了当时属于流放地的岭南。他们在那样恶劣的环境中都能"心安"，相对而言，我的条件好多了，我怎么不能"心安"呢？

从这一刻开始，我的心理状态就整个调整过来了：

我要在适应各种环境中实现"心安"，在迎接各种挑战中迎接"心安"。

这样，即使我离家万里，我也还在"故乡"……

点评

关于上述这首词有个故事，可从苏东坡写词的序中得知：

因为受苏东坡“乌台诗案”的牵连，不少亲朋好友被罢黜或流放。好友王巩被贬到广西的宾州。那是当时属于蛮荒之地的岭南，一般人躲之唯恐不及。但有个歌姬宇文柔奴，却愿与他同行。

5年后，历尽苦难的他们回来了。苏东坡去看望他们，却发现他们的身体容颜反倒显得更年轻了。苏东坡出于礼节，问柔奴：“岭南风土，应是不好？”但是，柔奴的回答却震撼了见多识广的苏东坡——“此心安处，便是吾乡。”

这样的回答，是一种历尽劫波而风雨不动的安然。故乡是什么？是归程。家是什么？是心灵的港湾。你现在远离故乡千万里，思念家是很正常的。但是你要长大，你要为理想的实现付出漂泊的代价。

如果你心灵不安静，就会感伤和痛苦。但是，如果你觉得这样的付出是值得的，你就会接受你眼前的许多不如意，实现心灵的安然。

这样，你身在异乡，却也在家中。

在做面条中感悟“阳光心态”

来美国很多天了，基本上吃不到中国菜，心中总有失落感。

前不久的一个周末，我收到邀请，可以去参加一个中国人举办的周五晚上的聚餐活动。那里不仅有中国人参加，有中国菜，还有篮球比赛。因为他们很热情，所以我不仅自己去了，还邀请寄宿家庭的人和我同往。

不管是我，还是寄宿家庭，刚去时满是期待，结果到那里后，顿时大失所望——就两个菜，一个包菜一个萝卜炖肉，而且味道还很不怎么样。寄宿家庭一家人都没有怎么吃。我很尴尬，还跟他们解释说：“中国菜不是这个样子的，这只是因为厨师太差了而已。”后来，我们离开聚会点，竟然找到了一家中国人开的面馆，解决了晚餐。

寄宿家庭的爸爸妈妈不断笑着宽解我，但此时我的心中却很不舒服，不仅埋怨这饭很难吃，恨自己难以适应吃饭这样的事情，而且也怪那邀请我们吃饭的中国人，不会做菜就不要邀请啊，不是丢中国人的面子吗？

幸亏这家面馆的面条还正宗，大家都说好吃。这时，我突然有个想法：

做面条并不难，我在北京就做过多次，为什么我要抱怨这抱怨那，不尝试做一次呢？第二天，当寄宿家庭的爸爸要开车去超市的时候，我请他留心一下，能不能找一些面条、老抽和醋来。

他没有买到老抽和醋，但买到了面条和生抽。我想，这样做汤面可能味道不太好，于是我就想干脆做个炒面吧。仔细一看冰箱，竟然还有麻油和一点葱和蒜。此外，我还留着一点前不久妈妈给我寄过来的榨菜，这就足够了!!!

经过一阵久违的吱吱的油声，一盘热腾腾的炒面出锅了。他们都抢着要尝尝看，说实话我还挺紧张，怕不好吃丢了中国人、中国菜的脸。没有想到他们竟一抢而光。吃完之后，一双双眼睛还瞪得跟灯泡似的，然后又让我多做了几盘。吃完后，他们热烈评价："这简直比餐馆里的还好吃，还新鲜……"

这种感觉是相当幸福的，自己做出来的东西，能让别人吃了之后觉得开心、觉得满足，就是对自己最大的肯定了。

这一认可，更激发了我的兴趣与信心。今天，当大家去沃尔玛采购食品的时候，我灵机一动，为什么不干脆为他们做一回饺子呢？我虽然没有独自做过饺子，但在出国前，亲眼看过小姨制作饺子的全过程，也帮她包了几十个。我想，也许我能行呢。于是我们买了好多肉啊，菜啊什么的，还买了点调料，晚上就由我做饺子了。

热腾腾的饺子上桌啦！大家很快就将一锅饺子"消灭"了。我很难忘记这样一个细节：当香喷喷的饺子端上来后，孩子们已经口水直流，要立即开始大吃了，但按惯例我们得开始饭前祷告。寄宿家庭的爸爸今天的祷告词比以往多一句，除了感谢上帝给予我们食物，还说感谢上帝安排了这样一个来自中国的学生，让他们分享到来自万里之外的美食……

今天相当开心，像《中华小当家》里说的，中华料理，就是要给人们带来幸福的。看到他们吃完之后幸福的表情，我也觉得非常快乐。不仅因为我跟他们分享了我们中华民族的美食文化，更重要的是，通过这件小事，我明白了什么才是“阳光心态”：

所谓阳光，就是自己发光的。当世界不给我们光明的时候，我们为什么不主动发光呢？

点评

当你心态消极的时候，一切都很灰暗，当你的心态积极的时候，生活转眼变得光明。

环境无法提供自己期望得到的东西，就干脆自己来创造。尽管只是做面条和饺子的小事，但你的确把握了“阳光心态”的核心。

真正的阳光，是既能照亮他人，也能照亮自己的！祝愿你以后，常常能以这样的“阳光心态”，照亮自己和别人。

与女同学“结婚”学理财

美国式教育的确有一些特点。今天，我又有了一次难得的体验：

今天上午我跟一个女同学“结婚”啦！哈哈，大家看了莫激动也莫生气，这只是我们今天的一个活动而已——

活动前，每个人都填了一张表，关于自己未来的求学、职业以及对婚姻和子女的计划。然后老师根据我们的信息，把我们进行随机“配对”。有些不打算结婚的就是“单身”状态，多出来的未来打算结婚的几个女生，就只好被认为是“离异”了……

然后我们到了体育馆里，拿到一张各自“家庭”的收入单，还有一张理财单。体育馆里有好多老师，在不同地方的桌子旁坐着。这些桌子分别是我们生活中所必需的业务办理区——什么汽车啦，房子啦，保险啦，娱乐啦……我们所要做的，就是在自己的经济范围内，进行最合理的家庭物件购置安排和理财。

这个活动相当有意思：有的人事情都没办完就早已用光了钱；有的人则刚好用完，没有存下钱来；也有人像我们一样，一个月还省下4000多美元可以存起来。老师要教给我们的是，怎样学会最合理地安排自己的薪水，合理地利用每一分钱。

我想这样的理财课是相当难得的，估计在国内极难接触到这样让我能刻骨铭心的理财课。真的很感谢这次交流活动，很感谢Campus High School，让我能够有机会，来获得这么不一样的教育。

点评

很难想象在中学就能有这样的课，这的确是美国式教育的长处：对你提前进行社会性教育，让你对将来的生存环境和生存手段有具体体验，并为此负责。

在现代社会，很难离开理财。但是，在国内不少父母和老师，却没有意识到尽早学会理财的重要性。所谓“不当家不知道柴米贵”，“不是惜财为惜福”。

希望你更多地接受这种理财的教育，争取当金钱的主人，而不是让金钱当了你的主人。

不怕丢脸，才会长脸

今天，我下决心与自己搏斗一番——我要与自己的“面子”斗争，在发言中，再也不能像以往那样畏畏缩缩。

前几天我们上政府课，我要作为小组代表进行演讲，内容是关于美国最高法院的课题研究。

其实，我准备得还算不错。但是不知道怎的，一站到台前，第一次面对那么多美国人，当众讲起英语竟然有点紧张，甚至有时候还有点结结巴巴，远远没有达到预想效果。

之后，我很愧疚也很灰心，本来准备好好露一手的，怎么反倒出现了这种事与愿违的情况？仔细一想，还是过于看重自己的面子，或许是怕他们笑自己的中国口音，或者是觉得自己英语太差，所以越来越紧张，最后导致效果大打折扣。

我不由得想起小时候，因为我胆小，妈妈写给老师的意见中指出了这一点，为此爸爸送了我五个字：“胆大脸皮厚”。我又想起在初中时，疯狂英语创始人李阳来我的母校麓山国际做讲座时说的一句话：“I enjoy losing my face！（我享受丢脸！）”

是啊，丢脸又何妨呢？如果面子代表着虚荣，那就是不值钱的，这次我可千万不能怕他们笑自己！

今天英语课，我们要进行一次关于作家查尔斯·狄更斯的演讲。我下决心要超越自我，不再犯以往那样的错误。于是，昨晚在家里，我做了充分的准备，还反复模拟了好几次，直至感觉很好了才上床睡觉。

今天，英语课上的人，比政府课的人要多不少。我一站到台前，昨天的恐惧感，又出现在心头。我深呼吸了一口气，对自己说：别在乎面子，别怕别人笑你，即使笑你，也毫不要紧！

所有人的目光都盯着我。我平静了一下，然后再没多想，就开始了。就这样，一字一句地说下去。中途有结巴的地方，也有觉得自己中国口音重的地方，但是，每次出现怕丢脸的念头时，我就赶紧打住，对自己说：丢脸就丢脸吧，尽可能发挥你的水平就行了。

没想到，我越不把自己的面子当一回事，自己反倒越说越轻松。最后当我讲完的时候，大家都齐刷刷鼓掌叫好，英语老师也过来拍拍我的肩说：

"太棒了！你知道吗，要是你不说你是中国来的，刚刚我还真的就以为你是个美国人！"

我一下子好开心好开心，这是成功的喜悦，更是自我突破的喜悦啊！

这件事情，我得出了很深的体验：

不怕丢脸，然后"享受"丢脸，你才能更好地成长。

点评

在现代社会，提高自己的展示能力和演讲能力是至关重要的。甚至还有一句话是这么说的：美国这个社会，是被演讲推动往前走的。

但你这次能自我突破，其价值并不在于你的演讲水平，而更在于你能看淡面子。

许多人就是因为自尊心太强，而导致紧张，丧失展示自己、开拓自己的机会。

但是，假如你能看得淡面子，放开来去生活，放开来去演讲，那些原有的紧张，就可能烟消云散。

“你不主动表现，就没人挖掘你”

在美国中学上课，我最自信的是物理与数学。我能秒杀许多题目，甚至大家都要用计算器，我根本不需要——我不仅手算很厉害，有时心算也能把题目做出来。

但是，历史课却是我最头疼的，因为我以前没有学过美国历史，而且文科那些要死记硬背的内容，我往往也不擅长。所以，上历史课时，我不仅觉得累，也不自信。

然而，今天的一件事，给了我很大的触动。

历史老师说需要一个字写得很好的人，帮他抄一段文章来做海报，请觉得字写得好的同学举手示意。

听到这话的一瞬间，我不由得心中一喜。不怕人笑话，在写字方面，我练的可是“童子功”啊！当我还在读幼儿园时，我的外婆——一位很优秀的小学教师，就教我一笔一笔练字，我也越练越有兴趣，越练越有效果。

于是，不管是在幼儿园，还是后来上小学和中学，我就是班上写字最工整也最漂亮的人之一。在写英文时，我又把写中文的一些方法用了过来。所以，我的英文也写得不错。

我正想举手，但抬头一看，没有任何一个人举手，我不免动摇了：我写英文有多长时间呢？那些美国同学从小就练英文，可能很多人都比我写得更好呢！他们都不举手，我出这个风头干什么？而且，我的历史水平又不高，难道要通过这个可怜的字，来证实自己不错吗？别人不笑死我才怪！

没有料到，过了几分钟，还是没有任何人举手。老师不满了，就让大家打开作业本，他一个一个看过来，看了十多个人，要么就不作声，要么就微微摇头。

老师打开我的作业本看了，我心情复杂地盯着他。

没有料到，他啪的一声用力把我的笔记本合上了，用一种特别响亮的声音说：

“就是你了！字写得很好看，竟然还不敢举手！”

听了老师的话，我脑海里一片嗡嗡嗡的声音。我还没有完全反应过来，老师竟用他那宽大的手，紧紧握住了我的手，说道：

“欢迎来到美国——一个你不主动表现，就没人挖掘你的地方。”

这句话有如当头棒喝，让我十分激动，同时也让我不断反思。

从放学到晚上，我都在总结这件事带给我的积极影响，我觉得有如下几点：

第一，在现代社会，尤其是在美国这样的地方，要脱颖而出，的确需要让自己的才华和能力得到适当展示！

第二，我们不仅要当“金子”，而且自己也要主动当那双使“金子”放光的手！

有一句话讲得好："是金子总会发光"，这是一句著名的励志格言，我以前也常常以它来激励自己。但是，一方面我们要让自己成为金子，对自己的能力和水平充满自信；另一方面，也得警惕，不要总是被动等着别人来发现你！不是只要有能力，别人就一定会发现你的。你不主动展示，就可能没人知道你的才能，你也同样可能会被埋没。

第三，勇于向"从众心理"挑战。

据心理学家解释：从众心理就是别人怎么样，大部分人怎么样，你就跟着怎么样。在这件事上，我看见大家都没有举手，就自然不举手了。这就是从众心理在作怪。

其实，很多时候，我们不必太在意别人做没做，只要考虑自己该不该做就可以了。如果该做，你就应该充满勇气去做。这样，你才能抓住机会，也更能无怨无悔！

点评

在你以往接受的教育中，总会强调谦虚。谦虚没有错，但是，因此而导致什么时候都怯于表现自己，乃至机会到了身边，都不敢去抓住，这就从一个极端到了另外一个极端。

在现代社会，不要被动等着别人来发现自己，而要在打造自己能力的同时，也能主动闪光，这其实也是把握自己命运的高度体现！

没学过美国历史的我，竟当上历史老师助教

当初来美国上高三时，我就想找一些国内没有的项目，来充分锻炼自己。

新学期开学了。今天早上，我才知道美国中学有一个难以想象的做法：你可以争取当哪个老师的助教。这样，不仅那门课你可能成绩更好，而且综合素质也能得到很大提高。

当我得知这一消息的时候，心念一动：我为什么不能同样去争取一下呢？

我首先想到的是当物理老师的助教。因为在班上，我这门成绩最好。但物理老师告诉我：很遗憾，他已经有助教了。我去找英语老师，结果也同样。我回到教室，教室空无一人。于是我坐在自己的座位上，有点灰心，准备放弃这一想法。

正在此时，历史老师从窗外经过，见我独自在里面，跟我打了个招呼，转身就要离开。

这时，我突然想：要么，就争取给历史老师当助教吧！

刚冒出这想法，我就觉得太异想天开了。因为，在来美国之前，我没有学过美国历史，上学期尽管我很努力，但在班上，

成绩也没有到前列。让我给他当助教，不是自己去找“丢脸”吗？

但，我突然又想起上次写字的那一幕，历史老师不是鼓励我们要主动展示自己吗？管他三七二十一，我就把他叫住，提出了我想给他当助教的想法。

很巧，历史老师真需要助教，但他告诉我：

“可我是不收成绩在 B 以下的学生当助教啊。”

这似乎给了我很大的打击，但我没有放弃，还是找出多种理由表达我希望当他助教的期望。

最后，奇迹产生了！他说：

“虽然你的成绩的确不够理想，但是我看到你上个学期的后半段特别努力，我觉得你很有潜力。同时，你敢于这样大胆地提出要求，这样的自信是值得肯定的。好，我同意了！你得好好工作啊！”

那一瞬间，我几乎高兴得要跳起来。

是啊，许多“奇迹”，都是因敢于追求、敢于坚持而产生的。只要有可能，就应该全力以赴去努力，绝对不要预先打击自己。

点评

感谢这位历史老师，他再次给了你展示自我的机会。

当然，这份机会也是你争取来的。之所以能争取来，还是来自你“敢”字当先，勇于尝试。

关于尝试的价值，你已经多次体验到了。这次我们想再进一步提升一下：

“进化论”提出者达尔文的核心理念是“适者生存”，这讲的是动物世界的生存法则。那么，人类社会的生存法则是什么呢，尤其在新经济、高科技时代的生存法则，应该是什么呢？那就是——

试者生存！

不怕做不到，就怕不敢想！

不怕做不到，就怕不愿试。

不依赖中介，同样被重点大学录取

和前两天一样，今天一回家我就赶紧打开网页，查看普渡大学的新生申请信息，在申请信息的表格里慢慢往下看，突然发现，我被录取了!!!

我顿时心跳开始加快、瞳孔开始放大，我一遍又一遍地看着那行字——“Decision:Offer Admission（决定是:录取）”。最终，当我确信我是真的被录取了，我不由自主地高兴得叫了出来：“太好啦！”

寄宿家庭的妈妈闻声跑过来，我告诉她说，我被“美国航天航空之母”普渡大学录取了。她和几个孩子都很为我高兴，不断地说：“恭喜你！恭喜你！”

哈哈哈，看来这么长时间准备申请材料、考试，以及自己花时间研究申请的技巧，都没有白费啊。

我更感慨：勇敢去追寻自己的梦想，在自己“搞定”一些重要的事情时，是何等重要!

去年到美国高三交流，爸爸妈妈原有一些想法，希望我在交流后，能回到国内再学习一年中华传统文化智慧，爸爸甚至还为我安排在北京大学等听课的事宜，我也同意了。

但是在今年2月底，我征求各方面意见后，发现这种考虑可能欠妥，因为我的理想还是在美国学习前沿科学。如果在国内再学一年，离开美国的语言环境，可能我的外语水平会下降。但是，按照美国的考试制度，往往在每年的12月31日前，大多数的重点大学招生就结束了。我真是很后悔。

之后我就与不少交流生交流意见，来自湖南长沙的一个同学告诉我：著名的普渡大学，还没有到招生截止时期。我一听如获至宝，准备去申请。

那么，怎样去申请呢？许多人都建议我找中介，并给我提供了一些多年来申请大学很有成效的中介名单，告诉我花几万块钱就行，说这样有两个原因：一是自己不内行，不像他们那样熟悉；二是只要交点钱，自己就可以不用那么操心了。

但是，我想，很多事情，只要自己有心去做，就有可能做好，为什么不自己尝试一把，干吗要花钱请别人帮忙呢？

说干就干！我立即登录普渡大学的官方网站，确定他们学校国际学生的招生时间，截止日期是5月4日。但网站上有不少材料写得不够详细，于是我就干脆打了个电话给普渡大学的招生办。

终于，我找到了招生办的主管老师。我首先将对普渡大学的认识进行了简单的阐述，尤其是因为它是“世界登月第一人”阿姆斯特朗的母校，我非常向往。这也让老师很开心。之后，我就简单介绍了我的情况，除了介绍我的总体成绩之外，格外提到了我现在在学 AP 的微积分（高中最高难度的数学），还有荣誉级别的物理，而目前我想学的专业是工程学。我相信在全世界的大学中，工程学排名靠前的普渡大学，一定能实现我的理想。

听得出来，老师对我很感兴趣。之后，他问了我的邮箱，发了些申请的信息给我，让我填好交给他们，然后他们再审核。

我知道，在我给他们提供的申请材料中，除了我的托福成绩和目前各科的学业成绩外，写好简历至关重要。别看只有短短的 200 多字，却往往是打动录取老师的关键。于是，我着重突出了如下三点：

第一，我自主能力和自我管理能力强，尤其是 10 个月前，我开始每天写作自我管理日记。

第二，我从小就接受创新思维训练，有较好的文字表达能力，并在中国的《初中生优秀作文选》等发表过一些作品。

第三，我有一定的领导能力，在初中时还参与过一些慈善活动。

突出这些，是因为美国的大学重视的不只是成绩，还有综合素质。现在看来，这样做是有效果的。我从网上看到，他们开始审核是在 3 月 20 日，结果 3 月 27 日，我竟然就被录取了！

这比起很多苦苦等录取信两三个月的人来说，算是很快的了！

回想当初不少人劝我找中介，但我还是坚持了自己做申请。而现在，我看到的结果既不是“推迟处理”，也不是“拒绝”，而是“录取”！

其实，世界上许多事情并不像人们想象的那么难啊！

点评

当初没能及时让你在头一年报考，错过了最佳的报考时期，这是爸爸妈妈的失误。但是，你抓住机会，考上了一所著名的大学，我们很为你骄傲。但最使我们开心的，还是你主动出击，不依赖中介，就被顺利录取了。

说实话，当初你准备报考的时候，我们打听过了，觉得找中介申请也很好，并且也已经做好了给中介几万元费用的准备。

但没有想到，你不需要中介就自己做成了。我们高兴的，不只是你帮我们省了钱，更是你锻炼了自己把握命运的能力。

命运可以自己做主，不必他人代劳！

改变不了环境，但可改变心境

今天早晨起来，窗外是大好的晴天，于是我准备跟同学出去玩了。没想到，我吃完早饭，正要给同学打电话时，窗外变得很黑很黑——又要开始下暴雨了！

我只好放弃计划，在家里待着。本以为只是暴雨而已，但是寄宿家庭跑来跟我说，有龙卷风警报，要我们到底层的洗衣房先躲着。我们躲了一段时间，直到警报解除，才稍微活动活动、吃点东西，警报再次来临，我们又躲起来……这样反复了好多次，我们一天基本上都在洗衣房待着了。

可想而知，在洗衣房里坐一天，多无聊啊。开始时，大家都很心烦，寄宿家庭的爸爸妈妈抱怨说没有办法去超市，三个小弟弟抱怨没有办法去打游戏，一个星期前我与同学约好的游玩活动也泡了汤……

这时候，寄宿家庭的妈妈站起来说：龙卷风来了，我们哪儿也去不了，但我们为什么只能抱怨发牢骚呢？我们能不能想出一些方法来，创造一些快乐啊？

被她这么一激发，大家都振奋了起来。小弟弟把自己的帽子戴上，然后做出很酷的表情，对我们说："嘿，伙计，近来可好啊？"他那小屁孩的外表，配上一个装出来的小混混的腔调，真是太搞笑了！然后我们每个人都轮流戴着帽子，装成小混混的腔调，然后互相取笑……

之后，我竟然"堕落"到开始玩布娃娃！我发现洗衣房中有个皮卡丘的布娃娃，便捡起来，摆出拳击手的姿势，以它去攻击寄宿家庭的小弟弟，小弟弟也不甘示弱，拿起了一个小熊娃娃跟我的娃娃打了起来。寄宿家庭的爸爸甚至还跑过来给我们当裁判，哈哈哈！结果最终我的娃娃不敌寄宿家庭小弟弟的娃娃（当然是我让他了），败下阵来……

玩累了，我们就开始读书的读书，睡觉的睡觉，听音乐的听音乐……我呢，边听着音乐，边看着我带来的那本宋词。纵使外面狂风大作，我心依旧诗意盎然。

终于，龙卷风刮过来了，我们听到警报器里有人说："现在赶紧找好掩护，赶紧找好掩护！"我们开始感觉到外面的风越来越大，并听到飞沙走石的声音，电灯一闪一灭，还熄灭了几分钟……然后隐约能听到龙卷风经过的声音，就像火车一样！

最后，电灯重新亮起，外面的嘈杂声减弱，警报也解除了。我们这才松了一口气，赶紧上去。

龙卷风的经历，在国内可是不常有的吧？但是在美国的一些地区，它可是常见的自然灾害。当龙卷风来临时，我们没有办法拒绝，就像人生中有些困难，我们无法回避一样。

但是，当龙卷风来临，我们在地下室度过一天的经历，却给了我很大的感悟：

有时，我们无法改变环境，但是可以改变心境啊。

点评

著名画家黄永玉有句名言："大海是上帝造的，苦海是人造的。"对此，有一种解释就是：人的不少痛苦，有时来自心灵的感受。

当一时无法改变不好的环境时，不做无谓的抱怨，而是将心灵调整到光明的频道，就能改痛苦为快乐。

“人生美好，步步小心”

今天晚上，我们几个来自中国的大学生，聚在一起吃了顿火锅。学校食堂吃久了也会腻，所以每到吃火锅时，我们都很开心。

但今天的聚会，却有一件事让大家都开心不起来：一个同学开着刚买的车过来吃火锅，在半路上出了车祸——一辆大货车撞上了他，把他车子的保险杠和前盖都撞掉了，真是惨不忍睹，不过幸好人没事。

这件事本来完全是货车司机的责任，理应由货车司机的保险公司赔偿那个同学的损失。但是当货车司机提出要看那个同学的车保信息时，他慌了。因为他刚买车，压根儿就没买保险。

没有车保就驾车上路，那是违法的，所以对方不仅不用赔偿一分钱，我同学还得上交通法庭接受判罚。最后我那个同学修车要花 7000 多美元，交通罚单罚掉 150 美元，还得求法官别把这次的违法记入档案。

其实，如果他不嫌麻烦，上网花几百美元买个保险，现在他根本就不用花那些本不用花的钱，真是因小失大啊！

这并不是孤立的事件，前段时期，我的一个同学出了车祸，也有相同的教训。

同学的一个朋友也是开着刚买的新车，几个人一起去外面玩。看路上没什么车，开车的朋友开始飙车，车上的人也觉得很爽，欢呼起来。这更让司机兴奋，把速度又加快了。

没想到，前方突然出现一辆自行车，司机赶紧踩刹车、打方向盘。结果避开了自行车，可他们的车翻了，轮子掉了两个，还好安全气囊及时打开，车上的四个人保住了性命，但都受了伤。

这两件事情都与交通事故有关。在美国，大学生自己开车并不少见，但一些同学往往太兴奋，反而忘记要注意安全，导致了这些本不该发生的事情。

我不由得想起，我曾在山区老家的公路边上，看到一则安全标语：

“人生美好，步步小心。”

我觉得那真是世界上最好的安全标语之一。交通方面的安全我们要重视，人生其实也处处有陷阱，能不格外小心吗？

出国前夕，我去医院看望爷爷。他刚刚动完心脏手术，躺在床上，叮嘱我在国外一定要“心心常似桥上走”，并强调说，这个桥不是我们现在的大桥，而是从前那种独木桥。就是说，做任何事都一定要小心谨慎，因为一旦不留神，就有可能失足落下。

是啊，安全不只是关系到自己，也关系到周围的人，我们时时处处要小心！

点评

由两个同学的交通事故，你想起了老家的交通安全标语和爷爷的叮嘱，很好。

虽然你在世界上最发达的美国上大学，但是，家乡及爷爷的一些人生智慧，还是很出色的。我想与你分享爷爷的一个故事：

有一次过节，一个乞丐到我们家要饭。爷爷很热情地招待了他，不仅给了他钱，还给了他很多好东西吃。那个乞丐看爷爷这样热情，就伸手要去拿酒喝，但爷爷说什么也不肯给。当时有人纳闷，为什么大方的爷爷舍不得这点酒。结果过了几天，那个乞丐因为在其他人家喝了酒，醉倒掉进河沟里去世了。

其实，爷爷当时就有担忧，如果让乞丐喝酒，确实很容易出事，所以爷爷不敢给他酒喝。

爷爷这么做，是值得我们尤其是青少年学习的：青少年容易把问题看简单，头脑也容易发热。但是，凡事多想一些可能出现的问题与陷阱，提前注意，正所谓“心心常似桥上走”，就会避免不必要的问题。

提前拥有职场竞争力

昨天看到一则讲座公告：一个著名企业的人力资源总监，今天要来讲述应聘面试的技巧。

我当即就想去参加，也想邀请一些同学一起去，但被邀的同学，要么今天有安排，要么就说，我们才刚上大学，应聘的时间还早，何必这么早去听这种讲座呢！于是，我只好独自去参加了。

这次讲座让我受益匪浅。其中讲到，应聘时回答问题也有技巧，我觉得很受用，并摘录了如下三条笔记（其他的在笔记本里）：

1．“请你介绍一下你自己。”

这个问题，一般的求职者都会回答自己的姓名、年龄、爱好、工作经验等。但其实面试官最想听到的是，你是否能胜任这个职位。所以你要多突出自己最大的优势在哪里、自己最强的技能是什么、自己做过最成功的事情是什么……最后一定别忘了说谢谢。

2．“如果你被录用，但过了一段时间，你发现你并不适合这个公司，你会怎么办？”

被问到这样的问题时，可以这么回答：如果我对这个职业非常热爱，那么我会不断学习来提升自己，打磨自己，以便更加适合这一行，更好地为这个团队服务；但如果我觉得这个职业对我来说可有可无，那我会选择辞职，去寻找自己真正热爱的行业，这样对单位、对我都是最好的。

3．“你还有什么问题吗？”

如果说没有问题，那才是最大的问题。此时应该多追问面试官，在这个公司里，是否有培训机制，如果有的话，自己是否能够参加，以表示自我提升的决心；也要问问公司的晋升机制是怎样的，以表示自己的上进心。

在我看来，这样的东西很实用。尽管现在离大学毕业还远，但现在懂得这些，我就能提前拥有职场竞争力，将来应聘的时候，我便更容易脱颖而出。

点评

看了你的这则日记，我眼前不禁浮现出一个女大学生的身影。

有一次我们单位招人，我面试过一个北京某大学毕业的女生。我问了她几个问题，她要么答不上来，要么回答得让人很不满意。最让人失望的是，本来单位都有网站，她完全可以提前从网上了解情况，但我发现她对单位一无所知。

在交谈中，我得知这名学生4个月来一直奔波在应聘的路上。当时天气已经很冷了，她却因为双脚的血泡磨破了，连袜子都不敢穿。

我当时就想，她与其每天这么盲目地奔波在路上，为什么就不能花点时间去学习应聘的基本技巧，多研究一下将去应聘单位的特点，找到和自己优势的结合点呢？

其实，这个女大学生的现象并非个别。由于做培训的关系，我发现国内许多大学毕业生在应聘和就业时，都有同样缺乏职业化的毛病。你在大学一年级，就能主动去听这样的讲座，说明你现在就开始懂得“为未来而学习”，这样的做法值得坚持，同时也希望更多的学生能有这种“提前学习”的意识。

第一次录电视节目，没想到得这样独自面对

今天我去北京电视台录节目了。

前两天，接力出版社的老师告诉我：这个节目，是以我如何进行自我管理为主题进行的。除了我之外，电视台还邀请了爸爸，还有著名的家教专家、“知心姐姐”卢勤老师等一起当嘉宾做节目。虽然有点紧张，但我想起了不少电视节目的场面，和大家一起对话，我想应该不会那么难。

但是，我完全没有想到：一上场，在台上的竟然只有我一个人！爸爸、卢勤老师还有其他几位嘉宾全是坐在台下。更没有想到的是：我不是面对一个电视主持人，而是要接受一男一女两位快言快语的主持人轮番“轰炸”。

我一下子紧张起来了，因为我从来没有一个人面对过这么大的场面，我很担心，自己如果出什么错怎么办。

但是当大屏幕打开的一瞬间，我知道，节目已经开始了，我已经没有时间想别的了，不管怎样硬着头皮上吧！

于是我让自己尽量放松，与主持人交流起来。尽管开始的时候有些紧张，但是一想到现在我只能独自去面对，不要期望谁

来帮我，我内在的力量便一点点发挥出来。尤其是昨天北京电视台的编导竺弋老师和接力出版社的楚亚男老师提醒过我要“声情并茂”，我十分认真听取了他们的意见，昨晚就进行了一些练习，于是我渐渐越讲越自如，越讲越生动。

整个节目录制下来，大家评价还不错。主持人还夸我讲故事跟说评书似的，很能吸引人。

在这次节目中，我还见到了非常敬佩的“知心姐姐”卢勤老师。很多年前，我就和妈妈一起读过她写的《告诉孩子你真棒》，并很受影响。我从来不敢想象：有一天我竟然能和她一起做节目！

更没有想到的是，她对我非常认可，不仅根据我的经历，总结了“教孩子不如孩子学会自己管”“替孩子等于害孩子”等精彩观点，还热情地邀请我去参加她组织的“手拉手，点燃我的中国梦”夏令营，让我去那里和孩子们分享我的成长体会。她半开玩笑地说，那时会有媒体来参加，也许还会写这么一篇报道：“知心姐姐以后有了个知心弟弟。”那我的影响力可能就更大了。

虽然我不知道那时能否参加，但是，受到她这样热情的认可，我很感动，也非常感谢她能给我这样的认可！

我深深地感到：这次经历是对我的一个肯定，更是对我的鞭策。我进一步明白一个道理：

不要怕单独面对挑战，也许这正是提升自己的良机！

点评

在你小学三年级的时候，安排你去参加军事夏令营。你去后发现那边那么苦，只想逃避，后来逃避不了就只好接受训练，结果这次夏令营成了你脱胎换骨的经历。

记得你提到当时最深的体验是："第一时间面对，第一时间成长。"而这次，你再次尝到了独自面对的甜头。

是的，成长很重要，但成长别人无法代替。只要你时时刻刻勇于去面对，你就能在面对中不断成长！

勇士迎难而上，懦夫知难而退

今天我们来到了长沙的一所中学做讲座。

开始前，我心里非常没底，有下面三个原因：

第一，我的一位好朋友曾在这个学校学习过一段时间，说这个学校的学生比较调皮。他担心同学们会唱反调，不配合。

第二，来听讲座的是初一到高二五个年级的学生，有近 2000 人，场面太大，说不定不好控制。

第三，太阳很大，天气炎热，讲座地点又在操场上，同学们肯定容易躁动，很难让他们集中注意力。

然而，最使我纠结的是，在进入学校大门时，我看到欢迎牌上写的是：

“欢迎吴甘霖教授到我校讲座”。

明明是说好我讲的，怎么就成了爸爸，而没有任何对我的表示呢？

一了解，原来是在沟通上出了问题。最初没有料到我能从美国回来，有关方面联系讲座时，安排主讲的是爸爸。但我回来了，当然我的经历最好是由我亲自讲，于是他们与学校的教导主任说好，就由我来讲。

而且，因为时间仓促，没来得及告诉校长。毕竟爸爸是有名的培训师，现在转为由我讲，校长一听，有些不高兴，更有些担忧。

这样的心态，我很能理解。因为与爸爸不同，我只是个大一的学生，没有声望、没有头衔，又要面对这么大的场面，所以要人们第一时间就相信我是有难度的。

为了让校长放心，爸爸只好答应校长，说他自己也坐到台上去。如果我讲不好，他就随时来讲。

这是一种极大的压力，但我的斗志也因此被激发出来了。我对自己说：等一会儿，我一定要格外自信，要用实力来证实“我能行”，用行动来说服那些对我担心的人。

于是，在整个讲座过程中，我一直用两个词“气势！清楚！”来提醒自己，讲话要有气势，但是吐字要清楚。

中途虽然也有过紧张的时候，但我很快把状态调整过来。脑海中只有一个念头：同学们，我不是来教育你们的，而是要把一些我探索出来的、自己觉得管用的体验与你们分享。掌握这些，你们的成长一定会更好！

果然，同学们非常配合，并积极、热烈地回应我。这是“火炉”长沙最热的时候啊！在这么燥热的操场上，同学们竟能这么集中注意力，真的让我非常吃惊。

讲座结束后，同学们来找我签名留念。我拖着讲座后有点疲惫的身体给同学们签名，签到手都麻了！甚至还有的同学，为了多要几次签名，甚至不惜把我签过名的那一页翻过去，然后再排一次队来签第二次，甚至还有人签了三次！这样的“待遇”，好像只有那些明星才能享受到呢！

虽然很累，不过我心里很快乐、很有成就感。

后来我才得知：那位校长看到这样的效果，可开心了。就连一开始为我担心的接力出版社的两位老师都觉得，作为同龄人的我，完全能进行独立讲座，对学生而言，可能甚至比爸爸讲还要好一些。于是，以后所有的讲座，都由我亲自上阵，不必爸爸上台助阵了。

通过这次突破，我有一个很大的感悟：

勇士迎难而上，懦夫知难而退！因此，最有说服力的是行动，而最有力量的是自信！

—— 点评 ——

你以实力证明了你不必生活在爸爸的影子里，甚至在青少年学生中，还能比爸爸更受欢迎。爸爸十分高兴。这是你勇于接受挑战，敢于超越的表现。

实际上，人所取得的每一点进步，往往都从敢于迎接挑战而来。

挑战对弱者而言，是绊脚石；但对强者而言，是垫脚石。

希望你经常能踩在这样的垫脚石上，取得更大的成绩。

诗意地活在大地上

这些天，我应邀来温州做演讲。今天忙里偷闲，我一大早就起来，和爸爸一起去游览楠溪江。

我其实对旅游的兴趣不是特别大，但爸爸告诉我，楠溪江所在的永嘉，是中国山水诗的发源地。东晋著名诗人谢灵运，曾在这里当太守，并写下许多著名的诗句。

我突然想起来，爸爸多年前曾带我去过温州永嘉，正好在江边的堤岸上，看到谢灵运的塑像。当时我没有问为什么有这样一个塑像，现在我才明白：原来是这样一个来历啊。

我本来想好好休息一下的，但听爸爸这样说，觉得既然是山水诗的发源地，山水应该是很美的。于是，就早早随爸爸出发了。

刚到景区，我就一下被那里的山水吸引住了——虽然我的老家也算是山明水秀之地，这些年也见过一些山水，但我从来没有见过这么清净的江水。最难忘的是：河中常有三三两两的木排载人经过，让人顿时忘掉平时要忙的一些事——学习呀，演讲呀，一下融入山水之中。

中午，我们游览了丽水古街。这是一条古色古香的街，几条小溪，从街中流过。让我惊喜的是，这里竟然有一架架的水车，在春天的阳光中缓缓转动。水车下面，有老人赤着上身在洗澡，有妇女在洗衣。沿着一条长溪，是一条很长的木质走廊，中午时分，学生们欢笑着从走廊中回家，有几只小狗，懒洋洋地睡在地上，哪怕孩子们的小脚会踩到耳边，也懒得睁开眼睛看一下。这种人与自然的和谐，让人觉得好像来到了世外桃源。

从丽水古街出来，我们边走边游，也会走到村里去。在一些长满草的大水坑或池塘中，我们常常能听到一阵阵蛙声。爸爸说，他突然想起一句诗："黄梅时节家家雨，青草池塘处处蛙。"后来我们经过一个书院，里面有不少对当地文化的介绍，果然这首诗就是在这里写的，作者也是当地人，真是太有意思了。

之后，我们去参观了龙瀑仙洞。瀑布并不大，但我们可以坐着小船进到瀑布后的山洞里，并且往上爬，爬到了瀑布的后面。那是一个可以开上百桌宴席的山洞。貌似有电影很快要在这里开机取景。

这趟旅行美不胜收。途中，爸爸与我分享了谢灵运在永嘉写作的一些诗句，如格外有名的《登池上楼》："池塘生春草，园柳变鸣禽。"听说温州市里现在还保留着池上楼的景观，但即使不去那里，从眼前的情景，我也能体验到他所写的诗境。还有他歌咏楠溪江三十六湾七十二滩的诗歌，其中"叠叠云岚烟树榭，湾湾流水夕阳中"，不就是眼前我所见到的情景吗？

我不由得多问了一些谢灵运的经历，爸爸告诉我，谢灵运的家族，是东晋的望族。历史上拯救东晋的"淝水之战"，就是其祖宗的手笔。后来官场斗争激烈，其家族中多人惨遭杀害。他也是因为在官场不得志而被贬谪到永嘉来的。一般人会因此很痛苦，但他却因为沉浸于山水之间，找到了心灵的寄托。后来，他被皇帝重用，没有想到又被贬广州，最后被冤杀。临刑时，他还作了一首绝命诗，其中有两句诗云：

“恨我君子志，不获岩上泯！”

在离开世界的一瞬间，他还是以不能栖隐在山水中而留有深深的遗恨啊！

谢灵运的命运，给我很大的震撼。在痛恨那种压制人性的社会的同时，我沉默了很久，我想：当我们在与山水亲近的时候，许多人却沉迷在网络，纠结于一些你争我斗的小事。这样会有多少意义呢？

爸爸对我说：“我希望你成功，但不希望你成为事业的奴隶。”

我问爸爸：“那您最希望我如何生活？”

爸爸答：

“尽好人生责任的同时，诗意地活在大地上。”

——点评——

完美的生活，应该拥有生命的整体丰盈。

事业很重要，但它只是人生的一部分。

希望你懂生存，更要懂生活；懂生活，更要懂生命！

第二章

学会学习：高效的秘诀是什么

在生活中学习，在学习中生活

今天跟爸爸去电器店。当走到苹果手机柜台前时，我与爸爸聊到了苹果公司的 iPhone。苹果公司确实很厉害，最早的手机市场上，诺基亚一直以来占据销量第一的位置，但是苹果公司就像砌墙的砖头——后来居上，单单凭借 iPhone 一款手机，就超过诺基亚和三星，独占鳌头。

吃饭时，我对爸爸说，我很佩服苹果的创始人乔布斯，可以说他是那种能推动世界的人。

爸爸不断点头，对我说要好好学习，以后打工的第一家公司就可以尝试去苹果公司应聘。之后，爸爸告诉我，充满创新精神的乔布斯，其实与东方文化也有很深的渊源。

乔布斯不仅仅在事业上有很大的发展，并且对佛教也有研究，年轻的时候，曾经为了研究佛教专程跑到印度去学习禅修。

不仅如此，他经历过创办苹果公司，因狂妄被董事会开除，之后又重整苹果公司，使它真正成为全球最有名的创新公司的过程。之所以有这样的变化，其中有一点，是他能不断地认识自己、改进自己，最后脱胎换骨。这与禅宗“向内看”和修行的概念，密切相关。

窗外，几棵树长得枝繁叶茂，树叶在风中飞舞。天气真好，我一边哼着小曲，一边流露出享受的神情。

看到我这种神情，爸爸又问我："人的成长和树的成长其实是一样的，你知道为什么吗？"

我想了一会儿没想出来，虔诚地希望爸爸"指点"。爸爸说："你看，树不仅仅要向外生长枝叶，也要向内扎根。而如果树的根扎得不够深，在地底延伸不够广，那么它的枝叶也无法长得很茂盛，无法伸展开来。反过来，如果枝叶长得不开阔，那么这棵树的根肯定扎得不深，延伸得也不够广阔。

"我们人也是一样，既要有外在事业的发展，也要有内在的修为，而这二者是互相依存、互相促进的。优秀的人，永远要学会内外兼修。当然，从性格上讲，也要学会外向与内向的统一。"

爸爸这样的阐述，真是别开生面，不仅给我了人生的启示，也让我学到了一条很重要的学习理念：

学习，不应只在书本中；在生活中，就有大学问、大智慧啊！

晚上，我们在家吃饭。根据爸爸的要求，这段时期，所有的菜都由我来做，我从来没有做过鱼，结果在做干煎黄鱼时，出现了两个问题。想起爸爸中午的做法，根据自己做菜的体会，我总结出两点感悟：

第一，因为有些心浮气躁，想着快点煎好，一面还没有煎熟，我就将它翻到反面了。结果，在煎反面时，也因为着急，又翻动了。结果，做出来的鱼，皮和肉是不完整的，有些零零碎碎的部分不太好看。

春节时，我读到老子《道德经》里面的一句话："治大国若烹小鲜。"以前我不知道什么意思，现在却有了切身的感受：我理解这句话的意思就是，治理国家，就像烹饪小鱼一样，要耐心、冷静，不能瞎折腾。

其实，我想不仅仅是治大国，做任何事都是一样，一定要保持冷静的头脑、有耐心，切记不能瞎折腾。

第二，菜谱上讲到"加点柠檬可以去腥增鲜"，于是，我买了一个柠檬，将汁液滴在鱼上，果然很好吃。

记得有一次，老师带我们研究人体酸碱性平衡时，我们很意外地发现，很多吃起来很酸的水果竟然是碱性食物。其中最典型的就是柠檬。现在不少人是酸性体质，身体往往处于亚健康状态，这时恰恰要补充碱性食品，吃点酸的柠檬其实是很好的。

世上很多事都是这样，表面看起来可能不好，但实际效果却很好。比如长辈的教导和批评，有时会让我们觉得尖刻、不舒服，产生排斥心理，但实际上却是"良药苦口"，对自己大有帮助。

所以，我们不要被表面现象所迷惑，要珍惜自己身边的"柠檬"。

爸爸给我的启迪真好，让我能将生活与学习"打通"——既能在生活中学习，又能在学习中生活。

点评

世界文豪歌德有句名言："理论是灰色的，生活之树常青。"

向书本学习固然重要，但是，人生处处皆学问，生活处处皆学问。

这些学问，是要你用心去观察，去品味和思考，才能得到的。如果你对生活漠然视之，它们就在你身边悄无声息地溜走。

在生活中学习，你会有取之不尽的宝库；在学习中生活，你会有源源不断的成长！

不是“无用功”，而是“功不够”

在新东方学英语已经几个月了。前些天参加了托福考试，今天是查分的日子。

我充满期望地打开网页。但是，成绩低得让我抬不起头来——只有60分！这样的成绩，哪怕是考最差的美国大学也不会录取啊！

说实话，我真的很难过也很失落。难过的是，觉得对不起父母给我提供的这样好的条件；失落的是，我总觉得自己那么多功夫都白费了，也许我根本就不是学英语的料。

爸爸回来，我告诉了他成绩，同时也说了我的上述想法。

我这次到新东方学习，是离开学校专门到新东方培训的。看到我这样，爸爸的心里自然也不好受，但他却没有像我这样灰心，而是要我先分析是哪些地方没有做好。

阅读分数较低，是因为这次题目比较难，我做起来也不像平时练习时那么轻松。可能是平时练习的强度不够大，有一些单词也不太认识，看来我的词汇量也很不够。

口语也考得不理想。虽然考前准备时，答题都比较清楚流畅，但是一到考场上，突然紧张起来，找不到答题感觉，确实答得不太好。

爸爸不断点头，好像很同情，之后就问我：“难道就没有一门好一点的吗？”

这一问，我不由得兴奋起来了，告诉爸爸：

“写作，不管是综合写作还是独立写作都拿到了‘GOOD’的最高评价，分数 25 分也是很高的分了。写作是让我比较骄傲的一项，这要归功于我打字速度很快，所以在考场上写的字数比别人多；然后也要归功于平时爸爸对我写作思路的训练，爸爸教我的层次和逻辑方法在托福写作上刚好能用上，这使得我的构思速度和写作速度大大加快。”

说到这里，爸爸问我：“经过这一分析，你还觉得自己以前的功夫是白费了吗？”

我好好想了想，说：“看来还是哪里下的功夫最大，哪里成绩就好。”

爸爸拍了拍我的肩膀：“对啦！你能知道这点就太好了。”

爸爸又给我讲了这样一个故事：

曾有一位年轻画家，去拜访世界名画家门采尔，诉苦道：“我用一天画了一幅画，卖掉它却花了我整整一年的时间。”

门采尔一笑，对他说：

“朋友，你不妨倒过来试试。用一年时间去画一幅画，那么一天的时间，你准能卖掉它。”

这个故事给我很大的触动，我对爸爸说：

“爸爸我懂了。不是我白费力了，是自己做得不够！”

“那你怎么办呢？

“我要赶紧调整好心态，选准薄弱环节，像学习写作那样，按最高的标准要求去做！”

是的，我就不相信，假如我再努力一些，付出更多的汗水，我就不能将托福考试好，我就不能考上我理想的大学！

点评

成长中的年轻学生，都有追求，但是追求是一个不断付出的过程。有的人，付出了，努力了，没有达到理想的效果，就开始灰心，就开始丧失自信，认为“我不行“，认为“白费劲”。

其实，他们没有想到：这仅仅是自己努力了，但努力得还不够。

自信往往来自自强。

所谓自信心，不是盲目多说“我行，我行，我一定行”，而是：别人行，我付出同样的努力就同样行。我付出更大的努力，就更行！

追星不是追他的光芒，而是追他的精神

在各种体育训练中，我钟爱篮球，而姚明是我的偶像之一。

但是，昨天他正式宣布从 NBA 退役了。像所有“铁杆粉丝”一样，我一天都充满着无限感慨与忧伤。

今天在网上看到了很多关于他退役的新闻，其中有三点给我的感触最深，也使我更加尊敬他：

第一，关于姚明退役，有媒体评论说：“姚明走了，NBA 赛场上便少了一位中国的巨星，NBA 赛场上，确实还很缺少我们中国的闪光点。”

确实是这样，很多人看到姚明打进了 NBA，成为如此伟大的一名中锋，对他很是敬佩。但是却没有一个人能够以他为目标不懈努力，坚定地想要冲出国门打向 NBA，这也导致现在我们中国的篮球球员，很少有人能达到世界上层水准。

对于我们每一个人来说，在我们工作、奋斗的领域，一定也会有非常优秀甚至顶尖的人，对他们我们不仅要敬佩，更要有一种“疯狂”的信念，想要跟他一样强大，甚至超越他。这样，我们才有斗志，才有奋斗的动力，也才能取得最大的进步。

第二，姚明在开退役新闻发布会的时候，有人问他，退役之后会留在休斯顿、上海，还是北京。

姚明没有直接回答，而是幽默地答道："总之我能保证我一定在地球上。"

听完这番回答，我拍案叫绝。看似幽默，实际是非常智慧，他巧妙地避免了选择一个地方，而令其他地方的人觉得被瞧不起的尴尬。让所有人都觉得他还是那样可爱并好接触。

我觉得这是我们所需要学习的。在公众场合讲话，尤其是接受采访的时候，一定要考虑到方方面面，说的每一句话，一定不能得罪任何人，不能让任何人觉得不舒服。

第三，当姚明在发布会上被问到退役之后要做什么的时候，他回答："我退役之后的第一件事，要马上开始学习。"

你看，一个这么优秀的人，在拥有巨大成功的条件下，还要不停地去学习！这样的精神，难道不值得我们永远学习吗？

这让我突然想到前些天的一条新闻——我国某体育冠军沦为乞丐，过着卖艺乞讨的生活。我不得不思考：如果有关部门的制度设计得好一点，可能会避免这样的问题。同时，如果作为当事人的那位冠军，能有这种终生学习、不断充电的精神，他会沦落到这种地步吗？

我相信：一个能终生学习的人，就能不断拥有追求和奋斗的活力，就能拥有生存且持续发展的本事。我们为什么不能像姚明那样去奋斗呢？

我太敬佩姚明了！不仅因为他在事业上取得那样的辉煌，不仅因为他每一个投球的动作都让人着迷，而且更因为他身上有着非同寻常的精神与智慧。

点评

你是篮球迷，但你不只是追他外表的光环，而更是追他的精神。这样才能够真正学到他最好的东西。

所有的明星都有光环，一般青少年只被这些光环吸引。但是，这些光环的背后，往往是对自己超凡的要求和超凡的付出。如果只看光环，而看不到光环形成的原因，这样的追星不仅追不到他的光环，反而会活在明星的阴影里。

不少父母害怕孩子追星，但是我们不怕你追星，而且鼓励你追星，因为你把握了追星的本质。

世界最长距离，是耳朵到脚下的距离

人的习气是何等顽固啊！

今天做蒸菜，蒸盘与碟子卡得太紧，我便用水果刀把碟子从蒸盘里拿出来。但是，我忘记把刀及时收好，当我去洗碗时，刀子不小心掉在地上，差点把我的脚伤了。

这其实不是第一次了。上周，我做好菜后没有放好菜刀，不小心让菜刀掉到地上，将地板砖砸了个小坑，差点伤到脚。

当时爸爸就指出，这样不仅会伤自己，万一家里来了小孩子，这种危险物品不及时收好，很容易伤到他们，会出大麻烦。我为什么就改不了呢？

晚上，我在房间看书，爸爸看到了我读书的姿势，直接冲进来把我从凳子上给提了起来，让我坐好。

虽然说得有些夸张，但的确是他亲手把我提起，让我坐直的。

其实，关于我弯腰读书，甚至缩成一团的姿势，爸爸提醒过多次了，我也明白不能这样做：因为脖子往前一厘米，颈椎压力大一倍！！还有也容易伤到腰椎。

可我为什么明明知道这些道理，却一直不改呢？

我与爸爸一起探讨了这个问题。作为一个经验丰富的培训师，爸爸向我分享了一个观点：

“世界上最长的距离，是从耳朵到脚下的距离。”

一个人的耳朵与脚，相距并不长啊，可为什么这么说呢？

爸爸解释道：耳朵代表你听到了，脚下则意味你落实到行动上。对许多人尤其是年轻人而言，这却是极难的。为什么呢？

“入耳容易入脑难，入脑容易入心难，入心容易入行难。”

我顿时明白了：学习，不只是简单听到一些道理和知识，关键在于要将所学的东西用到行动中去。听到一些、懂得一些道理并不够，一定要多在“知行合一”上下功夫！

—— 点评 ——

在对当代青少年的行为习惯进行调查时，不少人提到了一个共同的缺点：“有触动，缺行动”——明明知道哪点对、哪点不对，但是还是不能落实到行动上去。

那么，该怎么去解决呢？

首先，要明白再好的道理，只要把它转化为行动，才是真正属于自己的东西。因此一定要把“觉”与“行”结合起来。“觉”是觉悟，“行”是行动，有觉悟就立即付诸实践，不要拖延，否则就成了惰性的奴隶。

其次，“猴子不上树，多敲几次锣”。一次强调没用，那就逼着自己强调再强调，多讲几次，效果就会更好。

在美国感受“研究式学习”的魅力

到美国读高三已经一个多月了，我开始感觉到美国教育与中国教育的不同。

比如在美国的课堂上，竟然允许学生在老师的限制范围内吃东西、喝饮料、听音乐，整堂课像是在茶馆里一样，这让来自中国的我，深感不可思议。与此同时，虽然已经快高考了，但他们都很轻松，很不符合我的学习态度。

但是，其中也有不少我很感兴趣，也很有价值的东西。例如，中学就开始的“研究式学习”，给我留下很深的印象。

且举两个例子来说吧：

第一，案例教学。

在上次的英语课上，我们看了一部电影。它讲的是一个人发现自己得了癌症，只剩下几个月的生命。他便给自己列了一张单子，写下自己在剩下的生命里要做的事情，最后在这个过程中改变了自己，也改变了好朋友。

老师首先让我们围绕案例进行了充分讨论，人生的意义是什么，该如何安排人生，主人公那样去做，有哪些方面值得我们学习……大家纷纷发言，讨论十分热烈。我以前也很少思考这样的问题，但看了这部电影，又与大家进行讨论，心灵受到很大触动。

之后，老师要我们也做一张类似的清单，在我们死之前，要做完哪二十件事情。

通过简单的思考，我便写下：首先要把自己的学业完成，要找到份好工作，要赚多少钱，然后要买房子买车成家之类的事情。再然后是等我有了经济能力再去报答爸妈和其他的恩人，最后也要给孩子一个最好的教育。

其实我写下这些计划都没怎么仔细思考，家里一代代人都是这么教育的，我受了那么多熏陶，这些都已经变成我自己的思想了呢！确实，自己一定要有出息，然后有了能力再去报恩，还要给自己的下一代创造一个好的学习条件。

今天再上英语课，老师让我们进一步拓展：将上节课我们写的那些在生命结束前要做完的事情，做成一张海报。我们要从杂志上找图片、找印的很大的标题里的词语，然后剪下来贴到彩色纸上，表达我们的计划。

我找了好多杂志，剪了好多好多图片下来，然后做了一张挺漂亮的海报，看到海报就像看到了自己的人生规划一样，很有成就感！

第二，体验教学。

就是不只是讲抽象的道理，而且你要有切身的体验，然后再一起研究。

在这方面，经济课老师给我留下了很深的印象。

由于我们这些学生都是很早起床，随便吃点东西就赶校车去学校了，一般早餐都吃得不太好。这位老师竟然买了很多精美的甜点，带到学校来卖给学生当早餐。他的甜点既好看又好吃，还带着诱人的香味，很快就卖光了，他也因此赚了不少钱。

之后，他在课堂上让我们讨论：为什么他能赚到钱。大家纷纷根据所学的知识进行分析：如何了解顾客需求，如何细分市场，如何与对手竞争……这样一来，所谓市场定位、稀缺性、竞争性、便利性等知识，我们很快就掌握了。

我很喜欢这样的学习方式，因为它不是老师灌输、学生死记硬背，而是鼓励我们动脑思考，不仅能更好地掌握所学知识，也能学以致用。

此外，这样的教学还能让我们提前拥有一些生存技能。

例如，今天经济课考试，考的是写一封个人求职简历，我充分发挥优势，写了一封既简练又吸引人的简历，老师竟然给我打了满分。太开心了！

—— 点评 ——

研究式学习是当代学习的趋势，其中的案例教学，就是哈佛大学 MBA 教学的主要特点。你能在中学体验到这样的学习方式，的确是十分幸运。

活生生的体验，不是“填鸭”，而是动脑筋思考、大家参与的“头脑风暴”，为将来的生存而进行的“提前学习”……让人想起许多有识之士提出的“教育要面向世界，面向未来”。

希望你珍惜这样的学习方式，有更大的收获。

让创新成为一种生活方式

我当时之所以决定早点到美国学习，其中有一契机：那年，我向爸爸妈妈要求参观上海世博会。在参观工业馆和科技馆时，我发现美国与中国在科技和产品上的差距较大，美国的创新能力的确太厉害了。所以，我想早一点到美国体验创新，学习创新。

到美国后，我发现，美国的创新不仅仅是一种研究方式、商业方式，也是一种学习方式，在某种程度上还是一种生活方式呢！

第一，永远为未来创新。

这个星期，我随寄宿家庭一家到迪斯尼总部玩，除了体验到我期待的许多项目外，今天去的“未来世界”，也让我十分难忘。

“未来世界”里大多展示的是今后生活的样子，未来会有些什么东西等。

其中让我印象最深的，是一个自己设计的过山车。首先，你会得到一张信息储存卡。刷卡后，你可以在一个大荧幕电脑上建造自己想要的过山车模型。等做好了，你就可以到旁边的体验区去，把记忆卡交给工作人员。

然后你会坐上一个封闭式机器，播放你所设计的过山车的运行模拟图像，并且通过翻滚来模拟重力方向变化的感觉。我设计了一个有不同翻滚方式的过山车。后来，当我坐上那个封闭式机器后，感觉身临其境，真是太难忘了。

最后，工作人员把我的记忆卡送给我作为纪念品。

第二，艺术也能与生活结合。

上艺术课，在一般中国学生的印象中，应该是学画画、学音乐等项目吧。但是，有一次，美国老师让我们用胶带做钱包。

我估计你会说："什么？胶带也能做钱包？"

没错！

首先，先把厚胶带交错着一条一条对着粘起来，做成差不多一个正方形，然后对折，然后把折出来的两边用胶带粘好。这样一个简单的钱包就做好了，别说，还挺结实呢！

为什么这样做？老师告诉我们：要学艺术，就不要忘了简朴的艺术精神。不要老追求用高级的材料来做艺术作品，有时候，一些不起眼的小东西，也能有很不错的艺术创造。

第三，要与众不同。

毫无疑问，创新就得与众不同。这在我们上物理课时，尤其明显。

上星期，老师让我们分组去完成一个物理课题：建造一个运输鸡蛋的装置，不允许用电，不允许手动施加动力，要将三个鸡蛋运往五米外的篮子里。

别的组都是用重力作为动力。但我想：我们得与别人不一样啊！于是，我引导大家开拓思路，最后我们组自己造了一个蒸汽引擎，用它带动履带传输鸡蛋。结果，我们的装置成了所有组里最抢眼的，老师也给了我们最高分！

第四，倡导“在笑声中创新”。

学校最近开展了一个志愿者公益捐款活动，用这笔基金帮助这一届里家庭贫困的学生。

这种活动在我中国的母校就有，但在目前美国的中学，形式十分特别：学校选举了八位很受欢迎的老师做志愿者，中午吃饭时，在餐厅的一个特殊区域放置八个箱子，每个箱子上贴着一个老师的照片。我们要做的，就是自愿将钱捐到某个老师的箱子里。

你认为这是给你看好的老师最好的帮助吗？知道下面的规则，恐怕你就会大吃一惊了：

如果有一个老师的箱子里现金超过了150美元，那么这个老师就要当众跳入一个冰冷的水槽中。

得到肯定的老师，竟然是要受到惩罚！可是，所有老师都高高兴兴地期望大家往他的箱子里塞进更多的钱。当一超过150美元，就在大家一片笑声中，跳到水中去了！

我真的佩服美国人发达的幽默细胞，同时也敬佩那个想出这样点子的人。

当我和同学们分享我的感受时，一个同学说：

“这就是美国人‘笑声中的创新’，是我们的一种生活方式啊！”

我很欣赏这样的方式，希望在我的学习与生活中，也能时刻体现创新。

点评

中国向来以地大物博、历史悠久而自豪。但是，面对日新月异的世界潮流，早几年，中国最高决策层就明确提出要把中国建设为“创新型国家”。

要实现这一点，就要培养创新型人才，就要崇尚创新式学习和研究。

当创新成为一种学习方式和生活方式的时候，必然能激发出最大的潜力，希望你争当时代需要的“创新型人才”。

改“要我学”为“我要学”

今天，我走到导师的办公室门口，本想争取换课，摆脱那个“恶魔”般的数学老师，但是，在门口徘徊了好一会儿，我还是停住了。

我听到心中一个声音在质问自己。那一瞬，我明白了我该如何去面对和解决这个事情。

要说这些日子来我在这个老师课堂上的生活，只能以“悲摧”两个字来形容。

我的数学一直不错，所以对自己学好这门课很有信心。但不知为什么，这个数学老师，总是挑我的刺。

有一次微积分考试，我们交了笔记本（笔记本也算分）。我记得十分认真，今天他发回来的时候，我只看到我的笔记上多了几行字——“（这笔记）是不可接受的，笔记必须要订起来！”我辛辛苦苦做的笔记，竟然只拿个零分。

我不解：我认认真真每个字都抄了，整整齐齐放在文件夹里，他就这样对待我的劳动成果，他到底是看笔记呢，还是看装订呢？这到底是数学课，还是手工课？

我恼怒得很，去找他理论，他却说："你不装订好，那就只是 notes（笔记），不是 notebook（笔记本），我要求你们交的是笔记本。"我当时差点要崩溃了，这是个啥逻辑啊！我只好无奈地离开了。

这样的事情不只发生了一次，我也很纠结。终于有一天，我和爸爸妈妈在 QQ 中讲了这事。爸爸妈妈很理解我，但也引导我要正确对待，爸爸甚至将韩国电视剧《大长今》的情节与我分享：小长今在刚入宫的时候，遭到韩尚宫一次次的"刁难"，去打一杯水，都要求不一样的心情。后来，小长今不是成长得比任何人都强吗？最后才发现韩尚宫是最关心她的人。

我觉得爸爸讲得有道理，也从心理上进行了调整。可是，那个老师真的不像韩尚宫啊，且看他前两天又是怎样对待我的吧——

我喜欢提前预习，这样不仅能提高学习效率，而且也常常让我得到其他老师的表扬。有一次，我提前预习了一些数学公式和定理，第二天做作业时，我高高兴兴地将这些公式和定理运用上了，很快就完成了作业。

在美国的中学，检查作业的方式是这样的：老师把每一道题的最终答案用幻灯片放映出来，学生自己用红笔检查，并且给自己打分，最后再把作业上交。老师粗略地看一遍，再把作业得分发在网上。

老师一边放幻灯片，我一边对答案，越对心里越开心——居然一道题都没有错！我有些得意地在自己作业上写了个大大的

“100”分，然后交了上去。

谁能想到，我还没回到座位，老师就又把我叫了回去：“这些公式你是怎么知道的？”我想都没想，就回答说：“我昨晚预习了。”

真没想到，老师竟然吼起来：

“谁让你用的？我还没教你就用，这是违规！以后在我的课堂上，我准你用你才能用！”说完，他毫不留情地把我写下的100分划掉，然后画了个大大的“0”。

我傻眼了，这算怎么回事？主动学习也有错？那一瞬间，我真想在地上挖个洞钻进去。可我还没来得及声辩，老师就对着全班同学说：

“你们都给我记住他犯的错误！这是我的课堂，我不允许你们肆意妄为！”那一刻，我连挖洞的心思都没了，而是恨不得把挖洞的泥巴扔在这个可恶的老师脸上，然后夺门扬长而去。

遇到这样的人，我该怎么办？我向同学们说起这些惨痛经历的时候，激起了许多同学的强烈共鸣，原来这个老师对许多同学都有过类似不可理喻的行为！有的同学还告诉我：他的爸爸妈妈，也曾经经受过这个老师的折磨。

我就纳闷了，为什么这样一个老师，还能在这里待下去呢？同学说，这里好像有规定，在一所学校执教10年以上的老师，会受到学校“保护”，不会被学校开除，直到他自愿离开或退休。所以，上他课的学生，只能默默忍受。

我实在忍无可忍了，向爸爸妈妈反映了这一情况。当我再次提出想换老师和课程的想法时，他们也表示一切尊重我的意见。

得到爸爸妈妈的支持，我今天走到导师办公室，准备要求换老师和课程了。

我是带着即将解放的心情去的。但是，越走近办公室，我的脚步却越沉重。举起手来敲门，应该是再轻松不过的事情，但我的拳头，就像一座大山那样，无法举起来。

我不由得想起高一时，我去农村锻炼，得到优秀同学李腾芳的启迪——

优秀的学生，一定要完成一个转换：从“要我学”到“我要学”。我突然问自己：

“你是为老师而学习，还是为自己的成长和发展而学习？如果是为了自己而学习，你就不应该计较这些，而要好好学下去。”

我又想起曾看过的一篇文章，标题是《合理的是训练，不合理的是磨炼》。是啊，生活中不可能有那么多的公平。不管我遇到的人是否公正合理，我为什么不能把这看作是锻炼自己心性和素养的机会呢？

于是我的拳头在就要落到门上的那一刻停住了。我下定决心：我不仅不换老师和课程了，而且还要学到最好！

我不仅要让高三的数学顺利过关，还要提前学习大学微积分的课程，争取一进大学就能拿学分！

想明白了这点，我心里也就不再纠结了。不管老师怎么对待我，我只要坚持做好自己的事情就行了。

点评

遇到这样一个不讲道理的老师，提出换老师和换课程，都情有可原。但是，你最终战胜了这样的想法，秘诀就是明白了学习的目的——

不是“要我学”，而是“我要学”！

这正是被动学习和主动学习的区别。被动学习的人，不少事情都能干扰他的学习状态，主动学习的人，眼前只有一个目标：我要得到知识与能力的提升，为此，总能忍他人所不能忍，做他人所不能做，心甘情愿去付出。

至于你能认识到“合理的是训练，不合理的是磨炼”，并以此去处理好与这位老师的关系，更是锤炼自己的好态度。为此，再与你分享星云大师的一个观点：

“学习的四重境界”——

- 上等学子，能接受师长的折磨，忍耐上进；
- 中等学子，能接受师长的鼓励，奋发图强；
- 下等学子，能接受师长的赞美，爱中成长；
- 劣等学子，什么都不能够接受，一事无成。

（注：师指老师，长指长辈、领导）

拒绝诱惑的最佳方式，就是远离诱惑

今天作业较多，所以一吃完饭，我就回房埋头苦干。大概在8点钟时，我听到寄宿家庭的几个孩子欢呼的声音，之后他们都纷纷跑来叫我去看电视，因为一会儿就要播放星战系列电影的最后一部，叫我赶紧上去。

听到这个消息，我心中大喜，赶紧站起来准备和他们一起去看。因为，我很久之前就想看这部电影了，但是一直没看成。现在电视上要播放了，我怎能放过这个一饱眼福的机会呢？

但是，刚站起来我又坐下来了。因为要考大学，我还得抓紧时间复习SAT。

于是，我只好说：

“实在不好意思，我今晚没办法跟你们一起看电影了，我实在太忙了。”

三个孩子去看电影了。没过多久，我就听到他们看电影时不时发出的欢呼声。大约40分钟后，他们又进来了，不断拖拽我：“太好看了！你来看一会儿吧，耽误不了多少时间，你看10分钟再回来怎么样？”

是啊，去看 10 来分钟就回来，的确耽误不了多少时间。我又动心了，但是，最后我一咬牙，还是坚持不去了。

虽然没看到电影觉得很可惜，但我做完了功课，并且还留下一点时间复习 SAT，感觉还是蛮充实和高兴的。面对诱惑的时候，我又选择了说不。

说实话，能做到这一步，并不容易。因为，我曾经就走过弯路，栽过跟头。

我曾以 10A 的成绩考上省城重点中学。但第一个学期，成绩就从名列前茅落到最后几名，这其中的原因，除了学习动机不够单纯，没有改“要我学”为“我要学”外，很重要的一个原因，就是当时迷上了电脑游戏。最后弄得在北京工作的爸爸坐着飞机来长沙开家长会，与我共同制定一些措施，戒除网瘾，我的成绩才重新上升。

没有料到，到美国后，住在寄宿家庭中，我却遇到了空前的挑战：他们家一切都好，但寄宿家庭的爸爸和三个孩子都喜欢打电脑游戏，还专门设立了一间游戏室，里面八台电脑，都是用来打游戏用的。而这间游戏室，恰恰又在我的隔壁！

他们知道我以前喜欢游戏，就不止一次邀请我去打游戏。我也常常动心，有时即使我在房间读书，但听到他们打游戏和欢呼的声音，我也忍不住想进去玩一会儿。

我常常听到一个声音对自己说：“就玩一会儿吧，一会儿无所谓的。”

这时，我总会立即警惕起来。高一那时，我也知道打游戏不好，但只要一打游戏，我就会完全沉迷进去，哪里是“玩一会儿”，有时几乎玩到天亮，弄得第二天上课都没有精神。

那么，该如何拒绝这样那样的诱惑呢？有各种各样的方法，而最令我难忘的，是这样一个故事：

一次，在某个国家，女王要选一个司机。

应聘的人很多。经过一次次筛选和淘汰，最后留下来三个候选人。

女王决定亲自对这三个人进行考核。她出了这么一道题目：

在一个悬崖边上，放着一大袋金子。如果你开着车经过，你能保证在离金子多近的地方刹车，拿到那袋金子？

第一个司机说：“我能在 1 米以内。”第二个司机说：“我强一些，可以在 0.5 米以内。”

轮到第三个司机回答时，他却坚定地摇摇头，说：“我根本不会靠近悬崖，也不会要那金子！”

结果呢，被录取的是第三个司机！

那么这个故事给我的启示是什么呢？

拒绝危险和诱惑最好的方式，就是远离诱惑！

那么对我而言，怎么抵挡电脑游戏的诱惑呢？就是最简单的方式：不进那道门！怎么抵挡去看那场电影的诱惑呢？就是不去“只看一会儿”，而是根本就不看！

点评

你们这一代人，是中国历史上最幸福的一代，但从一定角度，也是遭遇很大危险的一代。

幸福是因为你们享受了太多的爱，而遭遇的大危险，不是战争和饥饿，而是有许多想象不到的诱惑。如沉迷电脑游戏，正是影响你们身心健康发展，影响成绩，也让千万父母和老师，最操心的问题之一。

战胜诱惑需要提高意志力，但不容忽视的是：意志力的提升需要经过时间来磨炼和检验。青少年处于人生的成长期，当意志力还不够强大的时候，遇到诱惑而摇摆，甚至抵挡不住是常有的现象。既然这样，我们就不迷信这个年龄段有强大的意志力，而是干脆不进那道门，不跨越那一步！

你说得很对，远离诱惑就是远离危险！越能抵挡诱惑，越能掌控人生。

自找苦吃就是自找补吃

这个周末有超级超级多的作业。数学作业、物理作业，还有10张A4纸的关于美国政府的分析功课得做，我吃完饭马上就冲下楼开始写作业。

把数学和物理作业做完，就开始做政府分析题，一开始觉得还好，但是做到第四张、第五张的时候，我开始有点崩溃了，实在是太多太乱了！

要么随便写写应付一下算了，我甚至想，明天找个理由，拖几天再交，反正这么多作业估计大家都做不完。

就在这时，我突然想起以前在《读者》杂志上看到的一篇文章——《逼自己成功》。

这篇文章讲的是关于著名球星易建联的故事——很多次，易建联想放弃，想偷懒，甚至还想堕落，但是他的爸爸却总教导他要自己逼着自己去成功。

既然要“逼”，就意味着不舒服、不情愿，但还是一定要做。

逼自己去成功，其实就是逼着自己吃苦，而且还要自己加码吃苦。

是啊，成功是自己的事情，努力是为成功付出的代价。没人能代替你努力，因而也没人能代替你成功。你只有自己逼着自己努力，才能把潜能激发出来，最后，也许你能创造出自己都难以想象的成功。

于是我就开始逼着自己，作业不做完就不睡觉，别的什么事都不干，先把作业给完成！

抱着这种决心，不仅一口气把 10 张作业都完成了，而且因为找的资料很充足，思路也打开了，竟然写了 12 张。

看着自己的成果，心里真是舒服，有一种说不出的喜悦感。

有句话是这么说的：人，总是会在不断的自我折磨中成长。

其实，要成长，就不要怕吃苦。不仅不要怕吃苦，有时得“自找苦吃”。

因为，“自找苦吃”就是“自找补吃”。

点评

没有一个人是喜欢吃苦的，因为就吃苦本身而言，并不舒服，甚至很难受。

但是，要取得超凡的成就，就得付出比他人更多的努力，就得吃更多的苦。

上帝是公平的，天下没有白吃的午餐。

上帝还是公平的，世上也没有白流的汗。

“头脑风暴法”能带来什么

今天我们艺术课开始了这个学期最后一个课题，就是用废矿泉水瓶做雕塑。这个雕塑可以是你喜欢的任何造型，没有主题的限制。

说实话要想个点子还真困难，因为几个矿泉水瓶能做什么呢？无非就是些车子啊，军舰啊，飞船啊，火箭啊之类的，都没什么创意。

之后，我们决定采取头脑风暴法，从不同的角度去尝试新的可能性：要求每个人起码拿出三个想法来，哪怕这个想法再荒诞再好笑也没有关系。

结果大家想啊想啊，有的想到《星空大战》中的场景，有的想到了《生活大爆炸》。我呢，甚至连小时候在农村玩过的一些游戏也想出来了……

这时候有个同学，拿起一个瓶子，把瓶子的顶部剪掉，留下个圆筒，然后从开口那里，垂直往底部一条一条地往下剪。剪完后，她把那个东西举起来，问我们像什么，有人说像流星，有人说像水母，有人说像花，有人说像章鱼……

然后我们就从这些想象到的东西上着手，想着做个什么合适。

最终我们决定，干脆用小瓶子做很多海底的动物，然后剪些小条条做成海藻，最后拿一个大的可乐瓶涂上蓝色，把所有的小生物都贴在上面，然后画些泡泡，做成一个海底主题的雕塑。

大家都忙活起来了。我做了一条鱼，不大好形容，不过很好看很可爱就对了。

当我们将一切拼起来后，几乎全班同学都赞不绝口，说这个作品相当不错。

头脑风暴确实是一个好方法。当我们的大脑毫无顾忌地思考、联想，思维也就不会受到束缚，很容易想出惯性思维下无法想到的好点子。

与此同时，你不是一个人在思考，而是许多人一起在思考。

我觉得头脑风暴适合在很多地方使用，比如写作啦，作画啦，或者是科研方面，都是很有帮助的。

—— 点评 ——

头脑风暴法，是重要的创新方法之一。其价值在于充分激发团队成员的创造激情与活力。

在进行这项训练的时候，要牢牢把握两点：

1. 重量不重质，也就是说：先不要说你的构想有多高明，而是要把更多的点子和想法说出来。

2. 要勇于向思维定势挑战，甚至对一些荒谬的想法，也不要否定，说不定这些荒谬的想法，会启发最能创新的思路。

日本管理学家、创造学家小池敬有句名言：“越是沉醉，就越是抓住眼前的东西不放。”这其实是告诉我们，自我陶醉不易清醒，而创新思维则要学会颠覆僵化的思维。

让人震撼的“自我管理三句话”

今天一进物理课教室，我就看到平时那个笑容满面、诙谐幽默的老师，却是紧绷着脸，坐在白板前。

再仔细一看，白板上写着：“The grade in this class：1A，1B，1D，others Fs...”（这个班的成绩：一个得 A，一个得 B，一个打 D，其他的全部都是 F。）

等我们都坐好了，老师非常严肃地说：

“全班同学，你们差不多全都得了 F！可是，最高分有得 A 的，所以说得 A 并不是做不到的。我讲课时，你们不是交头接耳就是玩手机。让你们做作业，许多人都敷衍了事。这样，不只是在浪费我的时间，也是在浪费你们自己的生命。你们还要这样继续这样下去吗？”

接着，老师宣布：

“这个拿 A 的学生，就是来自中国的交流生吴牧天。大家看一看他的状态，无论是听课还是做作业，是不是都很认真？是不是值得大家学习？”

原来，我是唯一的那个 A！老师的表扬让我很高兴，但更使我高兴的，是他后面的举动。

物理老师接着说：

“我送给大家三句话，准确地说，是三个问题，你们可以把它当成提高学习效率的三句话，更可以把它当成进行自我管理的三句话。”之后，他就在黑板上写下：

一、我的目标是什么？

二、我现在在做什么？

三、我做这件事对我的目标有没有帮助？

我不由得拍案叫绝。结合我这么多年的观察和自我探索，我觉得老师说的这三句话，真的抓住了学习的关键。

第一句话，“我的目标是什么？”明确树立一个有吸引力的目标，对成功至关重要。

我曾看到一篇报道：美国前副总统戈尔有一天得到了一条狗，他非常喜欢这条狗，于是他带着这条狗去请一位专业的驯狗师来训练它。

这位驯狗师没有马上答应他，而是问了他一个问题：“你驯狗的目标是什么？”

戈尔一下子愣了：“难道养一条狗都要有目标吗？”他实在答不出来。

驯狗师说：“不好意思，没有目标的狗我是不会训练的。”

于是戈尔只好牵着狗回去。回家后，戈尔开始坐在长椅上沉思：“我养狗的目标到底是什么？”这时，眼前孩子和狗欢快玩耍的场景给了戈尔启发，戈尔一下子拍手叫道：“对啊，我养狗不就是为了能让它和孩子玩，能让它帮忙看家吗？”

于是戈尔又带着狗去找那位驯狗师，并把自己的目标告诉了他。这回驯狗师很爽快地答应了他，并马上开始对狗进行训练。没多久，训练成功的狗被戈尔接回家，成了孩子的好玩伴，也成了戈尔家中的“保安”。

你看，即使是驯狗这样的事，树立目标也是那样重要，更何况我们，要实现自己的理想，哪能不树立目标呢？我记得成功学的第一法则，就是要“变梦想为目标”。只有确定了目标，才有不断努力去追求目标的那股动力，才能不断进步、不断成长。

第二句话，“我现在在做什么？”这就是要时刻警醒，自己当时处于什么状态。

在我的印象中，最影响成绩的一个原因就是走神。可能老师还在讲微积分呢，某同学却想到周末和谁去哪里玩了。更有意思的是，有的同学可能早恋了，老师还在讲李白的诗呢，但她比李白还浪漫，她心中此时正在唱一首歌——

“你是风儿我是沙，混在一起是泥巴……”

这样的状态，怎么能取得好的成绩呢？

第三句话，“我做这件事对我的目标有没有帮助？”说的就是要把心紧紧聚焦在目标上，有所偏离就得拉回来。

如果有分心的行为，就赶紧用减法，去掉它们，将心收回到学习上。如果是对学习有帮助的做法，就多用加法，进行强化。

分享我最近做的一个小实践：

为了练习英语听力，有朋友建议我多听一些英语资料。我有个习惯，喜欢一边做作业一边戴着耳机，听手机里的音乐。但其实，这样对我提高英语听力是没有帮助的。所以，我干脆将手机里的音乐全部移到电脑里，手机里只放老托福的听力 C 部分 93 篇（练听力最好的资料），有空就挂着耳机听一听，培养语感。

去掉音乐是减法，加上托福资料是加法。实践不久，果然很有效果。

一加一减，看似简单，却包含了深刻的自我管理思想。懂得管理自己、懂得运用加减法取舍的人，只要能坚持下来，一定会有想象不到的收获。

点评

你已经实践自我管理有相当一段时期了，恭喜！在美国，你得到了这样一个自我管理的有效工具！

现代管理学之父德鲁克对管理学有两大贡献，一是自我管理，二是目标管理。

目标管理，是让所有的能力与资源集中到一起来，而自我管理，则是让自己成为提高效率的主人。

老师提供的这个工具，实现了自我管理与目标管理的有机结合。希望你在实践中学好、用好！

敢于质疑才是科学精神

前几天物理考试，其中有一道题，我左算右算，都没有正确答案，实在太奇怪了。

后来我仔细一分析，可能是老师不小心把速度的单位写错了，本来应该是米，老师打成了千米。因为我用千米算没有正确答案，但是用米算就有正确答案。

于是我就在题号后写："我认为没有正确答案，解释在下方"，并在试卷的最下面写下了自己的理解。

尽管这样做冒着失分的危险，但是我相信自己的分析与判断，就这样交了考卷。

今天的物理课，老师讲解试卷时，特别指出来：一道题目有问题，问大家发现没有。

大家都没作声。老师说：那道题其实是老师故意写错，来考验学生是否严谨的。老师接着说道：全班只有一个人发现了问题，就是来自中国的吴牧天。

实际上，敢与老师"唱反调"，这对我来说并不是第一次。

在月初的物理课上，我们做复习题。其中一道题，有五个同学（包括我）选了B——2倍，而其他所有人都选了A——4倍。

老师一开始说正确答案是A，大家都相信老师，把答案写成了A。

但是，我还是提出了我的疑问，并做了分析。一讲完，老师就乐了，说："大家看清了吧？他才是正确的，我是错的！"然后让大家都改成了B。

在今天的课堂上，老师不仅表扬了我，而且还要同学们向我学习。他说，在科学领域就要有那种敢于质疑、挑战权威的精神，这样才能把最强的研究精神和研究能力发挥出来。

点评

在科学研究的道路上，保持独立思考，敢于怀疑是一种非常优良的品质。爱因斯坦之所以能取得那样伟大的成就，就是因为能对时间、空间这一人们司空见惯的现象，进行怀疑，最终取得了相对论的伟大成就。

但是对怀疑，也有人有顾虑。一位中学老师就提到：马克思的女儿曾问马克思最喜欢的格言是什么，马克思说是"怀疑一切"。但是，一些老师和父母却不敢让孩子去怀疑——什么都要怀疑，那不是太恐怖了吗？

对此，我们可以这样去理解：马克思说"怀疑一切"，绝对是正确的，因为怀疑一切并不是否定一切，而且怀疑一切也包括对自己这份怀疑的怀疑。你得论证这份怀疑是否真正正确。

那么怎么办呢?

其实也很简单，那就是中国改革开放初期那句最有名的话:“实践是检验真理的唯一标准。”

有了这种认知，相信在学习和研究的过程中，我们就更该敢于科学地进行怀疑了。

要用脑，更要用心

今天上历史课时，老师让我们看一部电影，并对大家说：

“今天纯粹是给你们放松，当然，这部电影也不是白放的，是要让你们更好地体会经济大萧条时期人们的生活。”

全班同学一致欢呼。电影一开始，大家就玩手机的玩手机，说话的说话，睡觉的睡觉，根本没人管那电影了。

但是我觉得既然老师愿意花一节课让我们看电影，那么这一定会是个比较重要的东西，我就一直认真看。

果然，看完电影，老师把灯打开，拿起一沓资料，说：“好，接下来，这是你们的家庭作业——有关这部电影的 40 个问题。”

这下大家傻眼了，因为几乎没人看电影。

而我乐了，我知道这部电影不会光是放给我们看着好玩的，肯定是有意义的，所以我认真看了，而我的作业肯定也没问题了。

其实，这并不是我第一次遇到这种情况。还有一次上物理课，老师让我们在线看一位麻省理工学院的物理学教授上课的视频，说让我们提前了解一下大学上课的情况。

许多同学认为这不是高中的课程范围，可能也不会考试，所以看起来就漫不经心了，有人玩手机，甚至还有人睡觉。但我觉得这是非常难得的机会，所以看得特别用心。

45 分钟的视频放完了，老师开始提问：让我们看看大学课程跟高中课程有何不同。不少同学都讲不出来。但让我发言时，我讲得很有自己的见解。老师表扬了我，之后对大家说：

“刚刚我观察了下你们，有认真听的，也有很多分心的。这说明你们不少人根本就没有做好上大学的准备。这样的课，别人要花成千上万美元去听，我现在在网上给你们看免费的，你们竟然还有人睡觉，真是身在福中不知福啊。”

我很高兴，不仅是因为我开了眼界，老师表扬了我，还因为我知道了网上有麻省理工新生的物理课视频可以看！真是捡了个大宝贝，以后每天晚上如果作业不多，就抽空看一堂课吧！

通过这两件事情，我有这样一个收获：上课，不是为了应付考试，也不能一有放松的机会，就放弃思考。老师没有提前说，并不意味着你不应该去主动学习和思考，恰恰相反，你越能自觉地学习，你学到的东西也会越多。

—— 点评 ——

这是一个用脑思考的故事，更是一个用心的故事。

用心，就意味着不是漫不经心，而是常常关心，常常琢磨，常常得出有价值的结论。

用心，就是时刻当生活与学习、工作的主人翁。

用手不如用脑，用脑不如用心。

终生难忘的毕业赠言

今天是最后一个 white day，这也意味着我今天上的物理课是我在这里的最后一堂物理课。

真的非常舍不得我的物理老师 Mr. Shetler。这个老师上课的风格非常吸引人，他不仅多次激发我们的创新思维，送给我们格外有用的“自我管理最重要的三句话”，还教我要敢于质疑、培养我客观正直的研究素养。

没有想到，在最后的一堂课，他更教会我们怎样适应这个社会、怎样做一个成功的人。

临行前，他给了全班同学三条非常朴素的人生建议：

一、25 岁前不要有小孩。听起来挺无厘头，但是老师说得非常有道理——

我们或许在 25 岁前就能找到心仪的对象，也有可能已经踏入了婚姻的殿堂，但是在 25 岁前，不管是心理成熟度，还是经济收入、社会实践程度都是比较青涩的，可能还不具备做一个好爸爸、好妈妈的条件。所以，25 岁前，一定不要想着要孩子。

二、如果有机会，一定要去别的国家看一看，开开眼界，看看世界各个角落的不同。他还说：

“你们如果有人想去中国，相信牧天一定会招待你们的！”我立即响应：那是当然！“有朋自远方来，不亦乐乎！”何况，是这些与我结下深厚友谊的同学们。

三、一定要坚信将来会比现在更好，千万不要说“我最快乐的时光是高中毕业那年”之类的话。不要停留在过去，人一定要向前走。

课堂上，我还得到了老师做的自制奖状，这是一张只给班上成绩拔尖学生的奖状，分数第一的我当之无愧地拿到了这张奖状。

我们老师很喜欢美国的电影《星球大战》，里面的绝地勇士是他的最爱，所以他给我的奖状就叫“物理绝地勇士”。

奖状内容是这样的：

“吴牧天，拥有心灵和知识的力量，能运用陌生的、强大的物理力量来战斗，为整个人类做贡献。”

多么高的评价，多么让人难忘的毕业留言！我一定好好努力，绝对不辜负 Mr. Shetler 老师对我的期望！

点评

这样的毕业留言，的确让人终生难忘。

优秀的老师，不仅教育学生如何学习，也教育孩子如何做人和成长。

同样，优秀的学生，不仅成绩优秀，也能活出光明而幸福的人生。

中学毕业，是一段重要生活的结束，也是一段更重要生活的开始。

这时候，眼光要远，脚步要实。请带着老师的期望与祝福，去追求你的梦想吧！

成功的秘诀，是忘掉与你的目标无关的东西

今天回长沙，与几个初中同学出去看了电影，吃了晚饭。

有个同学跟我说了她艺考的经历。

一开始，她觉得艺考比高考轻松，但是等她真的开始学习播音主持后，她发现如果想要取得好成绩真的不比高考轻松。为了拿到好成绩，学到真东西，她每天早上5点就起床，经常学习、练习到凌晨一两点才睡觉。

她说了一句非常有意思的话：

“每当我练习念稿子的时候，我就会把稿子上没有的字全都忘掉。”

她这句话其实道出了认真的真正状态。忘掉稿子上没有的字，就是把所有的精力都放在稿子上，其他所有与稿子无关的一切都先丢到一边，不去想。最终，她也顺利取得了好成绩。

其实，做任何事都是一样，一定要全神贯注地做，无关风月地做，不要被其他杂念影响。

这使我想起了昨晚与爸爸的一次交流。

由于前些天看到我在一年多的时间，写了30多万字的日记，

爸爸感慨地说："这是写三本书的资料啊！"我问：我能写书吗？爸爸说：有什么不行？只要你能将自己的亲身感悟，以精练生动的语言与读者们分享就好了。于是我决定利用这个假期，好好写一本自我管理的书。

但写了一些天后，我就有些倦怠和劳累了，加上常常有朋友邀我去玩，我写着写着就想放弃了。前几天又有一些考上了美国大学的交流生朋友提出，在美国，将来是需要学习开车的，所以他们很想利用这段时间去学驾驶，并邀我一同去学习。

他们说得有道理，我也很心动。但在我昨晚与爸爸提到这点时，爸爸送了我一句毛泽东的话：

"五心不定，输得干干净净。"

我承认，尽管这个观点有道理，但当时我心里还有点不服气。而我这位同学的经历，却使我进一步认识到，不管是学习还是干其他事情，聚焦都是最重要的。

我现在的要务是把书写好，虽然我非常迫切地想学车，但是，学车可以缓一两年再学。

我一定要把尽可能多的精力，集中在写好这本书上来。

我相信：有舍才会有得。只有全身心投入到目标上，忘掉与你的目标无关的东西，才能取得超乎一般人的成就。

—— 点评 ——

曾经在中央电视台看到一档节目，讲的是一个著名钢琴家的故事。主持人问他在弹钢琴时，最想做的是什么，他答：

“我最想做的，是如何抛开一切，将所有的力量，都集中在我的指尖上。”

这就是成为一流的诀窍：聚焦。

遗憾的是，我们大多数人，往往都是三心二意，总不能砍掉那些与目标无关的东西。其结果，当然就是“五心不定，输得干干净净”。

学会对目标聚焦吧，你的力量会加倍！成功的可能性也会加倍！

学习需要“深挖的功夫”

今天上完课，就有好多同学上前向教授提问。

不凑巧的是，我并没有抢到前面的位置，反而站在后排。

虽然已经到了吃饭的点，我脑子里也早就幻想今晚食堂有些啥好吃的了，但有一些疑问我一定要得到解答，所以我一直在后面排队。

终于轮到我了，可此时教授已经是一脸疲惫。

我尽量简化句子跟教授交谈。我问的是一个书上只花了很小篇幅讲述的问题。书上虽然阐述得很清晰，但是讲得非常浅，我想要知道更深一些的解释。

教授听了我的问题，眉头掠过一丝不知怎么形容的表情。

我心想这下不妙，可能是我问的问题让教授觉得没水平了，反而还耽误了他吃饭的时间，他肯定会对我印象不好。

果然，教授转过来问我：

“你为什么要问我这样的问题？我想书上对这个问题的解释，已经足够你应付这次考试了。”

虽然心头又是一惊，但是我并没有慌张，而是对教授说：

“我们中国有一句话说得好，知其然，也要知其所以然。书上对这个问题说得比较浅显，虽然足够我们应付考试，但是我想知道它更深层次的解释，这样能让我对物理有更深的理解。”

没想到，教授一听，对我的这种精神大加赞赏。他说他见过很多中国学生，他们确实聪明，考试也很厉害，但是他很少见到我这样敢于挑战难题的大一新生。

被教授这么一夸，我瞬间也更有自信，于是跟教授很热烈地讨论起了这个问题。我不仅从教授那里得到了很详细的解答，以及他自己对这个问题的见解，更学到了一些之前没有涉及的重要知识。

我想，在整个大一年级，学这门物理的将近 1000 人里，我该是很少得到这样点拨的人吧！

告别时，我很礼貌地跟教授说了声不好意思，耽误他回家吃饭了。

没想到，教授却很高兴地说没有关系，他很享受与学生的这种讨论。临走时，他还留下了自己的联系方式，让我以后有问题随时找他交流，并送给我一句话：

“科学世界是很神奇的，一定要敢于往里走，不断挖掘，这样你才能发现里头的乐趣。”

—— 点评 ——

有一次，爸爸与接力出版社的副总编辑黄集伟交流时，谈到这样一个观点：一个人要进步快，就得悟性高，而悟性并非全部天生，在相当程度上来自后天的培养。

他讲述了这样一个故事：有两个木工学徒，都很听师傅的话，师傅要他们去拿钉子，都会立即去拿。但是，一个呢，让拿钉子就只是拿钉子，不动脑筋思考。另一个，却总是要想一想：师傅拿钉子到底是为什么？到底会如何使用？两人的起点都一样，但过了一段时间，后者进步越来越大，师傅总夸他悟性强，并愿意多教他。

知其然，更要知其所以然。这种学习的“深挖功夫”，正是提高悟性、加快进步的好素养，也是将来能取得科研成就的保证。请你进一步向爱因斯坦学习，他曾经说：

“如果地上掉了一根针，一般人可能会把这根针捡起来。而我不同的是，除了捡起它之外，我可能还会把周围翻个遍，将所有的针都捡起来。”

我所摸索出的有效学习法

相信所有有追求的学生，都会格外重视学习方法。除了要善于向老师和同学们请教，向某些成功人士学习经验外，自己摸索出一些适合自己的学习方法也很重要。

最近，我遇到一些同学，还有我三个在读中学的堂妹、表弟，都向我问到这一问题。于是，我总结出一些自己学习的“土方法”：

1. 先弄懂逻辑再记笔记，并配合自创的“速记法”。

今天上课的时候，有很多很多笔记要抄，大家都抄得累死累活的，但是我却抄得很轻松，下课前的检验又只有我一个人完美通过。这是为什么呢？

这是因为，我学习理科有一个习惯，上课听老师讲东西的时候，不会急着记笔记，而是一边认真听，一边重点理清逻辑关系，再在此基础上来记录。此外，我还会用一些关键词和符号来理出一个关系图，以便之后忘记的时候用。

其实分享这个方法，主要告诉大家的是：理性思维，比起记忆的东西，更多是逻辑和关系上的东西。所以，培养理性思维，对我们冷静思考问题确实有很大帮助。

同时，如果老师讲得太快，要理解又要记笔记并不容易，这时，采用一定的速记方法也很重要，我的“土方法”是这样的：

第一，我比较喜欢用符号代替文字，比方说“如果 A 等于 1，那么 B 也等于 1”这句话，我就会写成：“A=1 → B=1。”

第二，如果不太好用符号或者图形表达的句子，我就会挑中间几个重点词记下，并不把句子记全，事后自己再补全笔记。

第三，有些长篇幅的话，我会直接录音，然后仔细听老师说，边听边理解，之后再回放录音，反而效率更高。

2. 学会一劳永逸。

其实，这就是打基础，或叫“补短板”。

前不久，我在看化学书时，发现有很多化学物质的单词看不懂。查字典后，我才明白这些词语的意思。再看书时发现，其实这些句子所讲的知识都是我已经掌握的，看不懂仅仅是因为词汇问题。

于是我放下看到一半的课本，上网搜索所有常用的化学物质名称，然后把它们全部背下来。

花了一两个小时，我把 100 多个常用化学物质的单词差不多都记下了。此时，我再去看书，发现就相当轻松了。

这两小时我觉得太值得了！

不少同学，往往感觉到自己在某方面有缺陷，却没有进一步认清自己卡在哪里，或者明明知道，却不愿改变。假如他能下个决心，在较短的时间里把该掌握的都掌握，那么就会一劳永逸。

3. 整理好笔记，就是管理好时间。

我比较擅长管理文档——我的笔记非常干净整洁，而且每一个知识点都是分门别类记好的，每一个章节、每一个类别的笔记我都用标签隔开、标记好了。当我查找笔记时非常容易找到，我整理的时候也能一目了然地知道哪些笔记需要补充，哪些是完整的。

这个方法，如果学弟学妹们觉得有用的话，可以借鉴一下，使用标签来给笔记做标记是很好的方法。我使用的是那种可以贴在书页边角上的标签，悬在外面的那一截还可以写字来标记。用回形针也是个不错的选择。

许多同学常常觉得时间不够，其实，他们没有想到：一个很乱或没有强调重点的笔记本，往往会浪费不少时间。当你整理好笔记了，更有助于你管理好时间。

4. 提前预习和做作业。

中国有一句话："一年之计在于春，一日之计在于晨。"而我，每晚都记自我管理日记，对明天的学习与生活做计划，爸爸就曾经点评说："你是一日之计在于昨天晚上啊。"

爸爸讲得非常对，我还会在头一天预习第二天的课程，如果有时间，我还会提前做作业。对于我擅长的物理，更是如此。

记得在上高三的时候，我常常会提前预习第二天的课程，上课的时候，我基本都掌握了。那么老师讲课时，我怎么办呢？除了再次强化对课程的认识、快速学习书上没有的知识外，我往往在课前就问老师要到了当天的家庭作业，下课前，我往往就把作业做完了。

提前想，提前学，不仅是一种主动的精神，也是一种提高效率的好习惯啊！

5. 随时向比自己强的人请教。

有一次，我的鼠标坏了，本打算去买个新的，但是一个朋友说只是某个部件坏了。他帮我检查了一下，买个配件应该修得好，让我把鼠标交给他就好。

这么给他，他应该是可以修得好的。但我想，既然他懂，为什么我不去找他学学呢？

于是我就问，能不能让他修给我看，顺便给我讲讲鼠标的工作原理。

他很高兴地答应下来。后来我不仅修好了鼠标，也学到了鼠标的工作原理和基本构造。

正如爸爸讲过的，学问学问，在相当程度上就是要勤问、善问。在学习上不能偷懒，在向他人请教方面也不能偷懒。当你成为一个随时准备向人请教的人，在某种程度上也就掌握了快速发展的钥匙。

当然，上述的总结，只是我自己的探索。实际上，世上没有最好的方法，只有适合自己的方法。我会继续摸索，也期望大家认真探索。

点评

就像工作一样，在学习中除了要有吃苦的精神，还要多去找规律，找方法，以提高效率，这是让自己成为一个“智慧型学生”的标志。

送一个成功学公式给你：

成功＝笨功夫＋巧方法。

“笨功夫”是勤奋的精神，“巧方法”是智慧的手段。

学习的忘我之美

一大早，离图书馆开门还有几分钟，我就到了图书馆门口等着。

今天起得真够早的，感觉还有点没睡醒，不过没办法，马上要期末了，最后必须得冲刺一把。

天气阴沉沉的，感觉随时要下雨，我没有带伞，晚上要怎么回去呢？

我又想，其实不要紧，因为来复习的同学中肯定会有我的朋友，如果下雨，晚上就随便找个人共伞，或者搭个谁的顺风车回宿舍就行了。

图书馆开门后，我就一个人找了个小隔间，静静坐下看书了。

看了很久，我已经彻底忘记了自己在哪里。突然，我闻到有阵阵饭香飘来……

转头一看，人山人海的图书馆瞬间变成了食堂，大家都订了外卖，开始吃饭了。

我一看表，原来都中午了，于是我也去旁边的餐厅买了点吃的回来。

今天时间过得特别快，感觉都不够用。不由得想起爱因斯坦关于相对论的著名表述：

当你一个人坐在火炉边时，你会觉得时间特别长；

但当你与一个美女坐在一起时，你会觉得时间特别短。

我想：前者可能是太难熬，后者是太幸福的缘故吧！

那么，我今天所学的知识，就是美女喽！

虽然时间过得超快，但我发现今天的效率竟然很高，我学习了物理与化学的许多知识，比平时在家里复习要强得多。

安静出效率——这可能就是学习的忘我之美吧！

明天是星期日，还得来这儿泡一天，状态要好好保持。

点评

在爸爸上高中时，有篇轰动全国的报告文学《哥德巴赫猜想》，讲述的是著名数学家陈景润研究“数学皇冠上的明珠”的故事。

陈景润在做研究时，也是格外忘我，曾有这么一个情节：

有一次，他一边走路一边思考，结果一不小心撞到电线杆上了，他赶紧道歉：“对不起！对不起！”之后又接着一边走路一边思考。

正因为有这种忘我的钻研精神，他取得了辉煌的成果。

你已经初步尝到了忘我学习的甜头。希望你在将来的学习与研究中，向陈景润学习，在忘我中成就最好的自我。

第三章

学会做事：做解决问题的高手

不当书呆子，要当能干人

今天进入了我独自做菜的第二个星期。

爸爸出差了，今天回北京。爸爸到机场时，给我发了条消息，应该是中午 12 点左右到家。我算好了时间，等爸爸一进门，在盥洗室洗好脸，走到客厅时，我已把做好的四个菜，摆到饭桌上了。

爸爸微微有点吃惊，夹起一块豆腐试了试，微笑着点点头。之后，又夹起几根豆角尝了尝，夸奖说：

“哈哈，做得不错啊！豆角一般做起来有点生硬，为什么你做得既不硬还很入味啊？”

得到他的肯定，我很高兴。于是与他分享我是如何做出这道菜的：

我以前去湘菜馆吃过一次豇豆，非常好吃。前两天爸爸不在家，我凭感觉做了一回，结果根本不是那个味道。问题到底出在什么地方呢？于是，我上网去查食谱，原来有小窍门，先用开水将豆角烫到八分熟，然后捞起，接着下姜蒜和干辣椒爆香，最后放入豆角，加入盐煸炒就行。

为何这样做呢？原来如果直接炒，豆角外面哪怕焦了，里面却还可能夹生。用开水过一下，不仅里外都容易熟，同时也让其他配料更容易入味。

不过，网上的教程只说了要放盐，没说要放生抽，但是我自己觉得放点生抽，不仅可以提鲜，也可以更加入味。果然炒出来后，达到了我理想的效果。

爸爸对我的菜不断点头，还用手机拍照片发给妈妈。之后，爸爸“巡视”了我们150多平方米的房子，发现都被我收拾得很干净，不断点头：

“不错啊，看来是个做事的样子了。”

谈起我如何做菜和搞卫生，也源于我17岁生日的那一天。

爸爸说，许多家长常常对孩子说：“你只要读好书就够了，其他不要管。”这是完全片面的。你要成为全面发展的人才，就按联合国教科文组织国际21世纪教育委员会提出的“未来教育的四大支柱”——“学会生存，学会学习，学会做事，学会共同生活”来要求自己。

其中，关于如何学会做事，他希望我从家务做起，并提出两点要求：第一，每天要把房子打扫干净。第二，当我和他在一起时，一定要做两荤两素四个菜。不能敷衍，要做到他满意为止。

说实话，我当时在新东方学习很紧张，照理说应该他为我做菜才对。但爸爸这个理由好像也不是“歪理”啊，于是，我就老老实实地落实了。

一会儿，妈妈接到爸爸发的照片，打电话也夸奖了我。她说：只让孩子学习，不让做事，只能害了孩子。她还告诉了我这样一个故事：

作为《中国妇女报》记者的她，曾经采访过一位母亲。从孩子中学开始，这位母亲就一直搬到学校附近陪读，直到孩子上大学。孩子除了读书，什么都不做。后来孩子考上了清华的研究生，她又跑到北京陪读，最后因为学校不允许，她才不得不回家。但这时候问题也出现了，孩子连基本的生活自理能力都没有，最后只能被学校劝退。

这个故事更坚定了我坚持做事的想法，当我把碗洗好，回到客厅与爸爸交流时，爸爸对我开玩笑说：

"照这样下去，将来你也许会成为一个名人，也许你会写自传。那你就这样写：'我在做饭的时候，爸爸在客厅弹吉他；我在擦地的时候，爸爸在沙发上看报纸。我不仅是学习上的强手，也是生活上的能手。这就是我——吴牧天，一个真正的极品男人！'"

不当书呆子，而是在生活中也处处能干。这，的确值得我以后去锻炼啊！

—— 点评 ——

哈佛大学进行过一项调查研究，得出了一个惊人结论：爱干家务的孩子和不爱干家务的孩子，成年之后的就业率为15:1，犯罪率是1:10。在孩子的成长过程中，家务劳动与孩子的动作技能、认知能力的发展以及责任感的培养有着密不可分的关系。大人总是插手、帮忙甚至代办，就会助长孩子的依赖、逃避心理。

做家务只是学会做事的第一步。一个优秀的学生，应该全面发展，既是“知识人”，也是“能力人”。

现在不做等于永远不做

今天中午，我在路上看到有只小鸟一瘸一拐的，用一只脚跳着走路。它可能是受伤了。我很喜欢小鸟，如果是真受伤，我是应该帮助它的。

但我当时急着赶路，同时，我还找了一个很好的理由作为心理安慰：也许这种鸟就是喜欢这样一只脚站着，跳着吧！我继续向前走。

没有想到，晚自习前做卫生，我去倒垃圾的时候，竟然在垃圾站看到了那只小鸟，它已经死了。细看它今天抬起的那条腿，已经严重骨折了。

看着这只小鸟，我有一种说不出的悲伤，更后悔中午看到它的时候没有多去关心它一点。或许我多看它一下，知道它有伤，然后把它送到医务室让医务室的阿姨帮忙照顾下，它就不会死了。

很多时候，不去做就永远没有机会做。我不由得想起小姨单位的一个女员工，老说外婆对自己很好，要多关心外婆，但许多关心外婆的事都没有做。她还说，今年过年要给外婆买很多好东西。但是，前不久她的外婆去世了。她痛悔莫及，可又有什么意义呢？

还有，我又想起舅妈给我讲的故事：她有个同事，联系了某单位的广告，就等着他去签订合同了。但是，在去签订合同的路上，有个朋友找他去喝咖啡，他认为时间还早，就先去喝咖啡了。

快下班时，他才赶到那家公司，却被告知这份合同没有办法给他了。因为，另一家公司的业务员赶来，与该单位的领导直接沟通，并提出更优惠的条件，加上他又没有来，所以，煮熟的鸭子飞掉了，他追悔莫及。

今天亲身经历的这件事和想到的这些故事，给我一个很深的触动：

许多事情，千万别拖。如果你现在不去做，也许就永远也做不了。

点评

做业务的人常常讲这么两句话：

“到手的才是真实的。”

“一拖就黄。”

其实，不只是做业务，在许多方面，拖延不仅是无能的代名词，也是丧失机会的代名词。

尤其有些事情，如尽孝、行善、帮助人等，都是不能拖延的。

许多事情，不仅应该去做，而且应该立即就做。

想到前面，做到前面

今天爸爸带我去见两位客人，是专程来拜访爸爸并与他交流佛教精神与企业管理的。其中一个是哈佛大学的毕业生，一个是明尼苏达州州立大学商学院的教授，目前在一家银行担任经理。

这位叔叔当时在美国念商学院博士，苦学毕业后，没想到又发生了“9 · 11”事件，美国不少单位开始排斥外国人，找工作变得很困难。他前后写了 800 份简历投递出去，都没有回音。在投出第 801 封简历时，一个银行来电话了，说他们缺一个经理，请他去面试一下。

在去面试之前，他先把那家银行近几年的财务状况好好研究了一番。在面试时，这位叔叔除了回答考官的问题，还主动问考官，如果遇到某个情况，该怎么办？

这其实是高层干部思考的问题，而那几个面试官并不是高层干部，所以他们被问住了。之后他们又反过来问这位叔叔。叔叔有备而来，当然不怕，就把自己的想法跟他们说了。于是，他很顺利地就被录取为经理了。

这个叔叔的故事，给我两点启示：

第一，希望总在绝望的坚持中来临。

一般人遇到简历被拒，很容易放弃，但是这位叔叔竟然坚持发了 800 份简历。这太让人震惊了。这说明：你可能在一次次遭遇挫折时，会失去希望甚至绝望，但是只要你在绝望的时候还不放弃，机会就有可能突然来临！

第二，机会遍地都是，但你要学会想在前面，做在前面。

去那家银行面试的时候，那个叔叔不是随便去，而是先把那家银行近几年的财务状况都掌握了。他还能在现有职位基础上，去考虑高层领导的问题。这真是“不打无准备之仗”，是真正的想在前面，做在前面。

像这样的人才，哪能不比别人有更多机会呢？

—— 点评 ——

由于工作的关系，我发现在任何单位，都有这样三种人：一种是主动想在前面、做在前面的人；第二种人，是执行力强，也就是领导把任务给他，他能做好的人；第三种人，是要他好好干都要打折扣的人。往往第一种人，才有最大发展。

那位叔叔的故事，虽然发生在参加工作的人身上，但对作为中学生的你也有借鉴意义。任何时候，只要你能想在别人前面，做在别人前面，“不要别人提，你就能做好”，你就能成为最受欢迎的人！

别总“打门”，要学会“开锁”

今天早晨一起来，我就听到美国寄宿家庭的两个孩子在哭闹，说不肯出去帮忙收拾院子，因为太脏了。但是寄宿家庭的爸爸坚持要他们出去收拾。

这时，我开始帮忙劝两个孩子，说外面不脏，而且让院子干净是大家共同的责任，所以他们也有必要出去帮忙。但他们丝毫没有动摇，还流露出不高兴的神情。

就在这时，我突然想到：孩子们最大的乐趣就是玩，我给他们上“思想课”没有用，不如在兴趣方面引导他们。于是我说：

“哈，我觉得收拾院子应该挺好玩的，我要去帮忙！”

之后，我穿好鞋子，戴好手套，出去帮寄宿家庭的爸爸收拾院子。

我十分敬业地干着活，还哼着小曲、挂着微笑，好像是干一件世界上最快乐的事情呢！

我偷偷地看两个孩子的表情，他们开始是不以为然，之后好像有点动摇，后来竟然不约而同跳起来，换好鞋、戴起手套，跑出来一起帮忙了。

本来今天打扫院子的工作，我不做也可，但现在我不仅自己来做，还把两个小弟弟也带动了，这很出乎寄宿家庭的爸爸的意料，他十分赞赏地对我说：

“你真有本事，看来你很具备领导才能啊！”

第一次被人叫“领导”，感觉怪怪的，一方面好像有点难为情，另一方面也很高兴。不过我的确觉得，这件事，确实是号召力、领导力的一个体现，也给了我一个如何提高领导力的启示——

要想号召别人，领导别人，关键在于两点：

第一，自己要带头，做给别人看，光说没用。

第二，学会因势利导引导别人，而不是灌输大道理，更不是强迫他人。

我们把院子打扫得干干净净，回到客厅。寄宿家庭的妈妈给我端上热气腾腾的咖啡。我一边喝着咖啡，一边看着两个小弟弟笑闹的时候，不由得想起我两岁多时发生的一件事情：

那天，我在厕所里不小心把门从里面反锁了，我出不来，而开那门的钥匙，大人们也不知道丢哪里去了，一时开不了门。我又着急又恐惧，不断地打门。

这时候，我听见小姨在门外不断安慰我，要我别着急，说门肯定能开，而且还引导我：“牧天，你很能干的。不要别人帮忙，你也能出来的。”

我不哭了，问怎样才能出来。她对我说：“别打门了，打门没用的，你学着把锁打开吧！”之后就告诉我如何做。

我不太懂，试了一遍没用，又哭又闹。她又要我放松，再次引导我。后来不知怎的我一下就开窍了，把门打开了。

当我走出门时，真有说不出的开心。这时我看见爸爸找到一把大锤子，已经站在门边，准备实在打不开就把门砸开，却没有想到，我在里面不断尝试，竟然真的将门打开了。

大家都纷纷拥抱我、表扬我。在这次出国前，爸爸提到要我多多进行自我管理时，小姨还开玩笑说：

“这对他有什么难？他是什么时候开始学自我管理的呀？我看是两岁多就在厕所中开始了吧！”

想起这件事，想起家人们，我心中浮现一种温暖和微笑。我再次想起，当初的那件事也好，今天的这件事也好，都有一个共同的特点：

解决问题，不要总是“打门”，而要学会“开锁”啊！

点评

我曾有3年在北京培训中央领导机关干部，有一个副部长讲过这样一句话：“我们的思想教育工作，不管是在家庭、在学校，还是在单位，有一个缺点：讲世界观太多，讲方法论太少。”

今天你讲述的两个亲身经历的故事，其实都是说明方法的重要。不管遇到什么样的问题，我们要学会从蛮干到巧干，多方面考虑，想最好的办法去解决。

换种方式就成功！

我成了老师“最有专业素养的助教”

没有学过美国历史的我，由于勇于尝试和好好做事的态度，成为历史老师的助教。自从“上任”后，我时刻铭记：不能辜负老师的期望。

今天在上历史课前，历史老师让我帮他去复印上课要用的资料，10 分钟后就要，让我马上去做好。

这个班上本来有 42 个人，然而今天只来了 38 个。老师只让我去印 38 张，因为这张资料只有这堂课上会用，那些没来的用不着。

然后我拿着原稿去复印，正要复印 38 份，我想到，万一那几个学生一会儿来了怎么办?

于是我就自作主张复印了 42 张，如果多余，多出来的几张，我自己掏钱好了。

当我打开教室门，果不其然，老师说：“牧天，不好意思，刚刚那几个学生又来了，能不能麻烦你……”

我说：“不用担心，我早料到可能会这样，所以我多复印了几张。”

老师对我竖起了大拇指，不断夸奖：

“太棒了！你是我所‘雇用’过的最专业的助教。”

其实，这或许要归功于之前听了爸爸那么多的管理课、员工培训课。爸爸经常说到一个观点——一个优秀的员工，不仅仅会完成任务，更加会为上级考虑一些，让工作更加完善。

这点我一直记在心里，心想有一天肯定会用上的，这不，今天就用上了，还被老师大加赞赏。

点评

几个月前你总结一个在美国工作的叔叔之所以被银行录取时，提出过想在别人前面、做在别人前面的观点。现在你竟然用到老师眼前了。可喜可贺！

请记住，不管是在校园中、单位里，还是社会上，要得到别人的认可和器重，在做事上有一个最受欢迎的标准：

不仅满足需求，更要超乎期望！

真正要怕的是你的“怕”

今天老师要求写一篇有关经济大萧条的论文，写满满两页纸。

一开始，我很抵触：

“两页纸会不会多了点啊？”

我本来就对美国这段历史不熟悉，况且这不是一般的作业，而是论文，怎么可能写得出啊？

想了一会儿写不出，我把笔和纸丢到一边，躺到了床上

就在这个时候，心中一个声音问道：“你怕了吗？”

一瞬间，我之前的不想写、想偷懒等想法全都被我丢到一旁。心想，我怎么可能会害怕这么简单的东西呢？

于是说干就干，我立马打开电脑开始写，结果写完后发现我不仅写了三页纸之多，更关键的是：文章写得很有见地，是我写得最好的论文之一。

我都有点不相信自己的眼睛了。

我觉得，正是我问自己的那一句“你怕了吗”，让我警醒过来，也鼓动了我自己，和畏难情绪做斗争。

如果我当时找借口妥协了，我可能连基本的作业都完成不了，还带着一肚子怨气。

但是，我及时面对了自己的“怕”，战胜了借口，不仅完成了基本作业，还超额完成、高质量地完成了。

“你怕了吗？”——这句话我要好好记下，以后每当我遇到困难想退缩的时候，都这么问自己一句。

点评

这是一个决心面对的感悟，也是一个战胜借口、承担责任的感悟。

人是什么？从一定角度讲，是地球上最会找借口的动物。任何自己不想做的事情，随便找个借口，就可以不做了。就像这次，你在开始时，就有了种种借口：“太多了”，“我没有学过美国历史，怎么能写得出”等。

但是，值得自豪的是：你及时警醒，断掉了这一借口，终于让好结果唾手而得。

爸爸在《方法总比问题多》一书中写到这样一个核心观点：“只为成功找方法，不为失败找借口。”

同时还要将圣严大师的一个敢于挑战问题的格言，转发给你学习：

“面对它，接受它，解决它，放下它！”

结果思维与团队意识

今天，我和我的团队将我们物理课的实验项目——投石机交给老师检验了。

非常顺利地，我们不仅拿到了这次课题的满分，还获得了 20 分的额外奖励，而且离老师给出的完成时间，还剩下一个多星期呢！

此刻，我充满了成就感。不仅因为我们课题小组取得了令其他同学羡慕的成绩，而且因为，通过这件事，我们超越了以往的失败，学到了现代人需要的结果思维与团队意识。

谈到以往的失败，那真是让人铭记一生。

前一段时期，老师要求制作一个装置，我和我们团队的同学花了不少时间，我更是贡献了许多创意。我深信我们的装置一定是最出色的，为此，我甚至还准备了相机，准备把我们的成果拍下来。

但是，没有想到，负责保管装置的那个同学，在搬运时，一不小心，竟然把我们的装置给摔坏了！

我们赶紧向老师说明了情况，希望有机会补救，重新做一个。

物理老师是对我最好的老师之一，但这次却毫不容情，告诉我们，这个世界就是这样，无论是学校还是职场，上司只看最后的结果。他才不会管你发生了什么事，他只看在规定时间内你能否完成任务。

这样一来，那个总分120分的课题，我只拿到了理论分的30分，总成绩从A直线下降到D！

说实话，对此我心里也挺难过，挺气愤：既怪那个同学不负责，也怪老师不通融。后来仔细一想：这也未必是坏事，它让我清醒过来，有的时候，在规矩面前是不讲人情的。

于是，这次我们开始做物理课的期末课题——投石机时，我充分吸取了上次的教训，早就绘制好了蓝图，之后通知组员找到相应的材料和工具，并带到了物理课教室。

这次我告诉他们，我们要尽可能快地做完投石机，这样我们就不用带回家做，也不会有搬运过程中损坏的风险和忘记带东西而被扣分的现象了。

于是，我们马上开始工作，计划第一堂课把所有的木材都切割好，把所有要钻孔的地方都钻好，把所有要测量的数据都记录下来。

然后我们分工合作，果然在这堂课下课的时候，我们就把计划中的工作全部完成了。

再利用两节课的时间，我们认真把这些部件组装起来就大功告成了。

我组织组员们分工合作，非常到位，本来计划两节课内完成的拼装工作，结果我们一节课就弄完了！

老师给我们的时间是整整三个星期，差不多有七八节课，还有三个周末。而我们现在就造好了投石机，不仅同学们对我们刮目相看，老师也破格给了我们高分！

经过这件事，我非常高兴，因为它提前让我感受到现代社会的职业精神：

一切都要看结果，而且这本来就是团队项目，不是每个人干好自己的事情就够了的，必须关注团队其他成员的情况，负起责任！

点评

联想集团有个企业文化的核心理念：

“不重过程重结果，不重苦劳重功劳。”

IBM 公司也有一个重要理念：

“鼓励个人创新，不提倡单打独斗。”

两家公司都是知名企业。上述两个理念，正是对结果思维和团队精神的要求。你能在学校时，就能这样认识这些现代职业素养的价值，将来在职场，将能更好地立足、发展。

用心做，而不是应付做

在美国的高三生活快结束了，我们快毕业了。我一个人在校园里流连忘返。为了留下美好的纪念，我请一个路人帮我照相。

那个路人帮我拍完照，我发现照片照得很好，远景近景都照了。他甚至还帮我调了一些设置，让照片的光线更好看。

虽然我不知道他是不是专业学过摄影的，但作为一个陌生人，给我拍照也能这么认真，我真的非常感动，也非常感激。

这也让我想起了前些天我帮学校一个学生拍照的事，因为我跟他并不是很熟，我就只是随便帮他拍了几张，并没有特别用心去调角度之类的。

现在想起来，我还真是愧对这位同学对我笑着说的那声“谢谢”呢。

下午回到家，才知道寄宿家庭的爸爸在给后院除草时把腰给闪了，他进来让寄宿家庭的妈妈帮忙按摩了下。我一见到这情况，就主动提出帮他做完剩下的活。

我除完了后院的草，感觉有些累了。本想回房间休息，可今天上午那个帮我照相的人，又浮现在我眼前。我想，后院的草是除掉了，前院的草肯定也不少了，于是我不仅把后院的草除掉，索性把前院的草也都除掉了。

不仅如此，整个过程中，我做得精益求精。

到了快吃饭的时候，寄宿家庭的妈妈来叫我，正好我快将前院的草除完了。她大为感动，说："看你的样子，好像是个真正的园丁啊！"

之后，她还特别加了菜，做了一顿大餐奖励我。三个小弟弟不断地夸奖，说我是好人，长大了也要成为像我这样的人。寄宿家庭的爸爸在感谢我的同时，还说等我将来参加了工作，一定是单位里最受欢迎的员工，并能不断发展。

我被他们夸奖得有点不好意思。只是多干了一点活啊，怎么就能迎来这么多肯定呢？

猛然间我明白了：

关键是我不是等着别人安排了我才做事，而是主动地"见事做事"，而且做事的态度，不是应付，而是"用心"去做，甚至超过了他人的期望。

这样，得到更多的肯定，可能就理所当然了。

点评

做事有两种方式：一是应付着做，二是用心做。

应付做，就是走过场。而用心做，就是要有高的标准，甚至要超出别人的期望和意料，有如那句名言："当有人要你陪他走一公里，你就陪他两公里好了。”

应付做，就是满足于“做了”。用心做，则有更高的要求：

做好了，才叫“做了”！

“人有三分怕虎，虎有七分怕人”

今天，我结束了在美国的高三交流学习。早晨，寄宿家庭的爸爸送我到机场。

依依不舍地告别后，我归心似箭，巴不得早点回到国内，见到爸爸妈妈和其他的亲人。

但没有想到，就在这时，一个我从来没有想到的问题竟然出现，我差点就无法回国了。

说来说去，还怪我粗心。当初买回国的机票时，我知道爸爸妈妈赚钱不容易，于是想法在各个网站上查找最便宜的机票。大多数交流生买的是直飞的航班，认为越直接越便宜，我却打开思路想：如果绕道走会如何？后来惊喜地在一个旅游网上发现，如果绕道从加拿大走，比直飞的机票要便宜 2000 多元人民币！于是，我买到了最便宜的机票。

没有想到，在加拿大过境时，验票过安检，一个人高马大而且态度极为恶劣的保安，把我的护照看了两遍，之后用力一摔，恶狠狠地说：“想非法入境是吧？给你个机会，从哪儿来回哪儿去吧！”说完，就要把我遣返美国。

这时候，我才反应过来，我其实应该办一份加拿大的过境签证，一时疏忽没有办。但不至于因此就将我遣回美国啊！如果这样回去，不仅不能及时回家，这张机票就毁掉了。本想省钱，反倒会损失更多的钱啊！

尽管我很紧张，但我还是努力使自己镇静下来，很礼貌地跟保安说："不好意思，我想可能有些误会，请容许我跟您解释一下，我并不是想要非法入境，我只是……"

没有想到，他竟然一声大吼："啰嗦什么？都给了你机会回美国去了，再狡辩，我就逮捕你！"说完，他拍了拍腰间放手铐的皮盒子。

我紧张得心都快跳到嗓子眼了。我想找人求助，可是周围没有能帮我的人。打电话给美国寄宿家庭的爸爸，他刚刚带着祝福把我送走，怎么忍心让他又担心？打电话给国内，不要说此时正是那边的深夜，而且爸爸妈妈又没有处理这种问题的经验，又有什么用呢？

就在这时，我猛然想起爸爸常给我讲的那句话："要管好事情，先管好心情。"是啊，心情一乱，就无法思考问题。我不由得深呼吸一口气，尽量让自己放松下来。

抬起头，发现那个保安还恶狠狠地看着我。但就在最害怕的时候，爷爷讲过的一句名言，又很快浮现在我脑海：

"人有三分怕虎，虎有七分怕人。"

这句格言，是爸爸妈妈转述给我的。据说还与我有关：在我才 1 岁时，他们就把我送到湖南山区的老家生活，当时他们很挂念我，也很担心我。最担心的，是怕坏人欺负我，甚至把我拐卖掉。

几次流露出这种担心后，我爷爷对他们说：

“人有三分怕虎，虎有七分怕人。你们老怕那些干坏事的人，可是你们想过没有，那些人可能更怕惹我们啊。”

这句话让爸爸妈妈安心多了，当我长大以后，他们也把这句话与我分享。我曾经亲身体验过：当我遇到“对手”时，不要过于害怕，要有本事反过来让“对手”畏惧自己。

于是，勇气悄悄来到了我心中，我挺直腰杆，很严肃地对保安说：

“我要求跟你们这里负责的人说话，否则我可以投诉你恐吓我。”

保安一愣，也许他根本无法理解，一个本来很慌张的孩子，怎么会突然换上了这样一种无畏的表情。但见我的神情如此严肃，他的语气开始软下来了，之后，把我带到移民办公室，让我见负责人。

见到移民官后，我更是毫无恐惧，而是很真诚地向她解释：我是学生，本来就没什么钱，之所以转机加拿大，就是为了省钱买了网上最便宜的票。同时，现在家里人也都盼着自己快点回去，怎么也不会有移民的倾向。

我的解释合情合理，赢得了移民官的同情。最后，一个我想都想不到的奇迹出现了，移民官说可以帮我办一个临时过境的手续，于是我顺利登上了回国的班机。

通过这件事，我深深地感悟到：

当我在人生道路上时，类似这种需要自己解决问题的情况可能并不少。但是，我深深地明白，这难不倒我了。

因为我知道，不管要面对怎样的人和怎样的事和挑战，我不仅会想办法解决，更能唤起内心的胆量去迎接挑战——我一定会拥有独自解决问题的信心。

点评

要解决问题，方法重要，胆量更重要。

再送一个成功学的公式给你：

成功＝胆量＋力量＋肚量。

在这方面，胆量是更重要的。

面对任何问题都不要害怕，我们唯一要害怕的，是不敢面对的“怕”。

不卑不亢，顺利签证

今天早晨，我又要去美国大使馆签证了。上次是作为高三交流生去的，这次是作为被录取的大学生去的。

说实话，尽管觉得问题不大，但也还是少不了些担忧。不是考上美国的大学就一定会获得签证。小姨的一个朋友，尽管考上了美国大学，结果还是被拒签了。

为了保证时间，尽管我们在北京有房子，但我还是提前找了一家距离大使馆最近的商务酒店住下了。不到5点，闹钟还没响，我就已经醒来，洗漱完，整理好所有文件出门了。

不知不觉就走到了大使馆门口，我一看，哇，队里加上我总共才八个人，这就意味着我肯定是第一批进去签证的。

到了大使馆里，因为有了上一次的经验，我很熟练地整理好各种资料，然后递交上去。因为我文件准备得比较迅速，我排在了第三个签证。

我前后的人都非常紧张，他们不停地跟那个引导我们去签证窗口的中国工作人员说，要麻烦帮他们安排好一点的签证官，然而我却非常淡定，我对自己说："调整好状态，什么样的签证官我都能搞定！”

签证官一开始跟我说中文：

“你好！”

我很礼貌地用英语回了一句：

“你好！如果说英文能让您觉得更方便，我很乐意说英文。”

他微微一愣，很快就满脸微笑地对我说：“那当然最好不过啦！”然后他开始询问我的相关信息。我表现得很自然，不像是回答他的“拷问”，而更像跟他聊天一样。

当他问到我之前是否去过美国的时候，我告诉他：

“是的，我去年在美国完成了一个交流生的项目。”

他接着问我对美国的看法如何。

我回答说：

“我感觉非常棒，虽然美国的食物让我不太适应，但我还是挺欣赏美国的教育模式的。”

我这样的回答，实际上不是一味夸美国好，而是先刻意说了个让我觉得不太舒服的地方。为什么要这样说呢？因为我明白：在大使馆遭遇拒签最多的原因之一，就是他认为你有移民倾向。我让签证官知道我并不是喜欢美国的所有东西，自然会减少对我移民的顾虑。

签证官员笑着说：“太棒了！到了普渡大学后，你要好好努力学习啊！”

之后签证官拿走了我的护照，递给我一张护照领取的邮寄申请单。这就意味着我的签证顺利通过了。

我笑着说谢谢，并祝他度过快乐的一天。他笑着目送我离开。

我在所有人里是第三个完成签证的。一出大使馆，我的天，外头已是人山人海了，我来这边附近的宾馆住一晚上，早早起床真是明智之举啊！

而在我旁边窗口签证的一个阿姨，就没我这么顺利了。她签的是旅游签证，前几天签过一次被拒了，今天又来签，结果还是没过。

按理说，旅游签证应该是最好签的，因为让美国政府赚钱，他们何乐而不为呢？她的文件确确实实准备得非常到位，她的意愿也确确实实是要去旅游，旅游团的资料和机票我在排队时都看到了。

我想应该是因为她和签证官对话的时候，语言没组织好，以致签证官对她有顾虑，最终被拒签吧。

我不由得想起一年前，我参加中美交流生考试时的情景。

当时我的文化课应该是过关了，之后是与考官们交流。他们问我有什么爱好。我说喜欢钢琴。他们问为什么。我解释道，尽管我将来打算从事科学工作，但也应该有艺术素养。他们相视而笑，很认可我的回答。我接着说，其实我更喜欢打篮球，除了锻炼身体，也更能锻炼拼搏精神与团队精神。

之后，他们问什么要去美国。这其实是一个有陷阱的问题。据说有的同学说因为美国比中国富裕，有的说是爸爸妈妈要去所以自己也去，等等，这都不是理想的答案。

那么我怎么回答呢？我说：我现在的学校也非常好，只是考虑到美国的创造力值得我们学习，所以我想去更多学习创造力。之后我顿了顿，微微提高语气说：

“当然，我也不是只向美国学习，我觉得中华文化也有不少好的东西，我爸爸还是研究孔子的专家，并写过关于孔子的专著。如果我能出国，我也能尽我微薄的力量，将中国的优秀传统文化与美国和世界其他地方的朋友分享……”

听完我的话，考官们不断点头。很快，我就被批准，最终成为中美交流生的一员了。

我这两次的做法，其实都只体现了四个字“不卑不亢”。这对我成为交流生和拿到美国签证都起了作用，相信在以后的人生中，会产生越来越大的作用。

点评

爸爸曾被邀请为全国妇联的干部做培训，主题是“如何成为最有魅力的成功女性”，当有人问什么是“最有魅力的成功女性”时，我说起码有两方面素养：一是如沐春风，二是肃然起敬。

前者说的就是“不亢”（盲目自大），后者说的是“不卑”（不自卑），让人能敬重你。

其实，不仅是女性，任何有魅力的成功人士，都有这样的特点。愿你常常记得将两者结合，这样，你就能在办事和与人相处，尤其在国际交往的过程中，更加顺利，更易被认可。

统一意见有“妙招”

从美国回到国内，我去了母校麓山国际学校。

高三的同班同学们商量着做一次毕业旅行，并希望我能帮助大家拿主意。

这可不是一件容易做到的事情，众口难调，还是先上网征求大家意见吧。

果然，大家讨论得非常激烈，有些同学提议去香港，有些同学提议去厦门，有些同学提议去西藏，有些同学则提议就在省内，或者就在周边近一点的地方玩玩……大家各执己见，也都说了各自的理由。

大家选举了我和另外两个女同学来做最后的决断，那么该怎么办呢？

我认真地听取了大家的意见。之后，我们三个人私下讨论，确定了这次旅行的需求，最后决定了旅游目的地。

最后，在我与大家交流时，我先肯定了所有人的观点，说大家的想法都非常好，相信大家也都非常喜欢这些景点，但是我们不得不选一个可能最合适的地方（没有用“最好”这个词，因为用“合适”这个词，会相对柔和一点，不会那么容易产生攻击性），来满足如下三个关键要求：

第一，风景闻名。

第二，离湖南省比较近。

第三，花钱不会特别多。

对这三点要求，大家没有表示什么不同意见。之后，我就把与两位女同学商量的意见告诉大家，最终选择的地点是桂林。原因如下：

第一，桂林山水甲天下，这个说法人人都知道。大家在书堆里压抑了那么久，现在毕业了，去看看美丽的山水将会是很好的解压方法。

第二，桂林离湖南省比较近，大家不用跑太远，家长相对也放心一些。

第三，桂林是个比较小的旅游线路，所以花钱不会特别多，适合更多的同学参加。

正如我想象的，大家纷纷同意我们的观点，决定去桂林旅游，没有半点怨言地一起开始筹划起来。

我这次做的小领导还是比较成功的，对吧？

点评

这件事情既体现了你解决问题的能力，也在一定程度上展示了你的领导能力。因为，善于统一意见，往往是领导的重要能力之一。

第一，不先表态，而是让大家充分表达意见，这就能让每个人的意见得到尊重。

第二，用词贴切。有句话说得好："一句话能让人跳，一句话能让人笑。"就是说，是否会说话，效果大不一样。不用"最好"，而用"最合适"，的确能避免不应有的误会，刺痛某些人。

第三，首先提出标准，征求大家同意之后，再说具体的方案，大家就更容易接受了。

最后强调一点：当大家给你机会负责，你不是简单粗暴地去做工作，而是重视方法，效果自然就会理想了！

“你是一个字一个字写出来的”

今天中午，在外面吃完饭回家，我就开始写书稿的最后几篇文章，向完成初稿冲刺。

一坐在椅子上，我就不愿起来，就像进入了高考考场一样，完全沉浸在写作中一鼓作气地写，终于行云流水地写完了！

在我写完最后一个字，按下保存键时，我一拍桌子，一挥拳头，“仰天长啸”了一声，然后我转身对着妈妈狂笑。

妈妈看到我这么开心，问我是不是写完了。我脑袋像上了发条似的狂点。妈妈很高兴，不停地恭喜我。

我对妈妈说：“我现在感觉就是从五指山里蹦出的孙悟空。”

我感觉如释重负，非常开心，笑得合不拢嘴。

爸爸也很快地将书稿看了一遍，祝贺我完成初稿。

我从头到尾翻了一遍，这本书竟有 12 万字之多。其中有些章节，尽管读者还没有看，我自己也还是有点自鸣得意地喜欢，“自恋”地说了一声：

“天哪，这是我写的吗？这么多的字，我是怎么写出来的啊？”

爸爸微微一笑，对我说：

“你是一个字一个字写出来的。”

爸爸的话很幽默，声音也很轻，但对我如同当头棒喝，也如同醍醐灌顶。

是啊，谁能想到一个中学毕业生能以这么短的时间，写出这样一本书来呢？何况还是一个学理科的学生？

在没有写之前，我曾经是那样胆怯和畏惧。尽管当初爸爸与我交流时，发现我可以出一本书，但是想起一个多月时间要写 10 多万字，我还是不寒而栗。只是因为当时下了决心要写，之后就天天坚持写，一本书稿竟然真从我笔下产生了。

我不知道这本自我管理的书，将来有没有大的反响。但是通过写这本书，我已经有了一个很重要的体验：

任何事情，只要值得去做，就赶紧去做。尽管一时看不到成效，但是只要你天天付出努力，终有一天，你会发现一些想象不到的“奇迹”，也会在自己手中产生。

点评

要取得成就，就必须掌握辩证法：在具体的做法上，重视技巧，但在该付出的时候，你无法省略汗水。

所以，成功是“笨功夫”与“巧方法”的结合。

不怕慢，只怕站。失败者用脑空想，成功者以脚做梦！

正是这不断付出的点点滴滴，最终会汇成江河流向大海。

小细节中有大素养

今天中午，爸爸妈妈的一个朋友请我们吃饭。

等着上菜的时候，有人打电话给那位伯伯。他出去接电话，一会儿回来了，刚坐下准备与大家继续聊天，这时，他的一名员工提醒他说：“您刚刚拿出去的包呢？”

原来，这位伯伯出去时带了小包，但回来却忘记了。大家都聊得开心，谁也没有注意这一点。但这位员工注意到了并提醒领导，之后他还立即陪着领导去找，果然在包间外面的一个沙发上找到了。

原来，这位领导刚才出去打电话时，过于投入，起身时忘记拿，将包丢在沙发上了。

幸亏提醒得快，不然很有可能就丢了。

这一幕很让人佩服，而后来一个小细节，更是打动了我——

饭后，水果上了桌。转盘转了一圈，大家都吃到了水果。那位员工最后才把转盘转到自己那里，拿了一块西瓜。照一般人的做法，自己吃了就吃了，还有谁想吃水果的话，自己转盘就行。而他拿起西瓜后，没有立即吃，而是先把水果重新转回到了他转动之前停留的位置，自己才开始吃。

虽然是个不太起眼的小细节，但我觉得他非常会照顾人。虽然转一个转盘，花不了多少力气，但这样一个小小的举动，能让其他人对他的印象好上几倍！

他的做法，使我不由得想起前几天，也是吃饭的时候，我做的一件蠢事：

吃饭前，小姨来得较晚，很渴，想要喝一杯温开水。我赶紧起身，倒了一些开水，又倒了一些凉水到杯子里，想也没想，试也没试，就端给她了。当时，我脑袋里想着的，是赶紧跟大家分享我在美国的趣事。

没有想到，小姨喝了一口，还没吞下就喷出来。之后半开玩笑地批评我说：

“你想烫死你姨啊！”

我赶紧重新给她倒水，并连连道歉。

唉，我真是太粗心了！我与那位叔叔相比，是不是天壤之别呢？

尽管讲的都是一些做事的小细节，但是，小细节体现的却是大的素养。它体现的是人的负责精神，以及对别人的重视程度，对工作专注认真的素养。

以后，我一定要向那位叔叔学习，做任何事情，不但要热心，更要细心和专心，不能想当然地做，做完事情后一定要仔细检查，以免出差错。

点评

爸爸有个好朋友叫作汪中求，出版过一本很火爆的书，叫作《细节决定成败》。

其实，细节不单单体现素养，也决定成败。

小处不小。魔鬼体现在细节中，上帝也体现在细节中！

坏事变好事，才是真本事

自从上大学后，我就一直保持早晨跑步的习惯。

今天早晨，天气非常好，我穿好运动服出门跑步。跑到一个便利店旁，我想起宿舍没有鸡蛋了，打算进去买点鸡蛋，顺便买点别的东西当早餐带回去，可是便利店没有开门。

之后，我又跑到另外一个便利店，竟然也没有开门。

我挺纳闷：怎么会这样啊？今天是周一，平常便利店都很早开门的。这些商店的老板干什么去了？难道不想赚钱了吗？

突然，我想起来，今天是美国的劳动节（和中国不一样）啊！一般小店都是放假的！

没有买到鸡蛋，早餐我就没办法做鸡蛋面了。我有些沮丧地回到宿舍，随便吃了点面包当早餐。

但当我打开冰箱时，发现里面还有不少菜没吃完，而这些菜再不吃就要过期了。除此之外，我们还有一些零食和饮料。

我灵机一动，今天是劳动节，肯定也有不少像我这样的人，想买东西但因为便利店不开门而买不到。大家又不想去比较远但不关门的沃尔玛超市去买东西。我们面临的同样一个问题，不恰好是我可以利用的一个商机吗？

说干就干，我立即在我们大一宿舍区建立的网络群中发了个广告：

“劳动节因周边便利店关门，本宿舍提供一些食品、饮料，有需求的带上现金到 0204 公寓来看货！”

这消息刚发出去不久，我们的门铃就响了。原来是对门的人想要买牛奶，我们刚好多出一大瓶牛奶，于是我们就以比原价稍微高一点点的价钱卖给了他们。

接下来，有人陆陆续续地来光顾我们的生意。没多久，除了我们自己要吃的食物外，还将冰箱里的东西卖完了，不仅把一些可能过期的东西及时处理，又方便了别人，我还小赚了一笔！一举三得，哈哈！

今天我抓住了机会，做了一件让自己美滋滋的事，说来说去，还是要感谢平时做的一些思维训练，尤其是爸爸在《方法总比问题多》一书中常讲的“问题恰恰是机会”。真是一点不假啊！

点评

遇到问题，许多人只看到表象，却看不到问题之后的机会。你却能利用假期的不便利做生意，这是积极心态的价值，是“把问题变为机会”的高度体现。

以后，当你遇到问题的时候，请牢记这句话：

“当上帝要送一份特别礼物给你的时候，一定会以问题做包装！”

赚钱真辛苦，花钱当思赚钱时

为了锻炼自己的工作能力，也为了让爸爸妈妈减轻一点负担，我这学期找了一份勤工俭学的工作：在学校的食堂打工。

接受任务时，我被分配到了工作量相当繁重的洗碗间。每个小时能有几美元的工资，还有一个好处就是能免费大吃一顿。

今天是周四，伙食往往是一周内最好的。今晚的汤面牛肉比以往给得都大方，蔬菜也比以往都丰盛……更好的是，由于我是吃工作餐，是在食堂开门之前吃饭，所以我们不用抢，可以任意吃东西，我自然也吃得非常饱。

但是，到干活的时候，我就像陷入了无边的黑暗：菜丰富也好吃，就意味着来食堂吃饭的人会是一周内最多的，也意味着我这几个小时将有洗不完的盘子！

我们要把别人没吃完的东西分类倒掉，把盘子初步冲洗一遍，然后摞起来，放到送往洗碗机的传送带上。

当盘子上的脏东西都冲洗到一个水槽里时，本来清澈透明的水，洗着洗着就变脏了。那水的颜色……我真的不想形容，再加上各种酱料混合在一起的恶心味道，我不禁联想到了一个几十年没洗过脚的人刚洗了脚的水！（当然，每个碗我们都是会洗干净的。）

终于，我熬完了这几个小时下班了。我立马脱掉工作服、取掉帽子，然后加快脚步，巴不得早点离开这鬼地方。

从食堂回家的路上，我刷碗的动作好像就没停下过，满脑子都是碗碟在天空中飞舞。

回到宿舍，我只小睡了半小时，然后又不得不爬起来继续学习。因为，我还有不少作业没有做。不做，课程就会落下啊！

这次，我算是真正体验了劳动的艰辛。赚钱，其实是真正不容易啊。我想起小时候，爸爸在北京开拓事业，妈妈带着我在长沙，有时，连多吃点肉她都会犹豫一下。有几天，她为了多赚些稿费，没日没夜地写，把手指头都敲肿了。

我又想起，我在新东方读书时，手机出了毛病，妈妈答应给我买一部新的手机，结果爸爸发现了，坚决没让买，只是让我修好再用。当时我还有些不理解，还大哭了一场。

而现在，当我真正开始赚钱的时候，才深深感到赚钱的不容易！

我想，不仅是我，还有许多同学，当我们不会赚钱的时候，不要嫌弃父母没有给你更多的钱，不要想花就花，要明白：一角一块，其实都是来之不易的啊！

以后花钱的时候，我得多想想赚钱的时候啊！

点评

你提到当初在新东方买手机的风波，我曾经给你讲过这样一个观点："一点一滴当思来之不易，非为惜财为惜福。"祝贺你，今天你已经有了切身的体验。

遗憾的是，不少孩子并不懂得。曾经看过一个报道：有一个小女孩闹着要妈妈买鞋子，妈妈说你已经很多了，不能再买了。这位小女孩很伤心，后来离家出走，最终被找了回来。她还说："赚钱有什么辛苦，钱就是机器中吐出来的。让妈妈给我卡，我也能取出来。"说这话的人，是不了解父母的辛苦，自己也没有这方面的切身体验。

打工让人快成熟，花钱当思赚钱时！

要想不误事，常想有“万一”

今天下午，我早早回家，本来可以立即做作业，但是我觉得晚上时间充裕，就优哉游哉去做别的事情，把作业都留到晚上来做。

可谁想得到，等我傍晚回到宿舍，发现宿舍竟然停电了!!!

我们平时的作业都是上网交，这一停电我作业就不能上网交了啊!

所以我只好用纸笔抄了一遍作业，明天还得跑几个办公室把作业交给老师，真是给自己添了太多麻烦。

这其实不是我第一次出现这样的情况了。化学有一项作业，也是应该昨天晚上 11 点 59 分前要交的。昨天下午的课结束得很早，我也有充分的时间做作业，但我想晚上再做化学作业。

然而没想到，晚上，做作业的系统出故障了，今早才修复。

虽然不是我们宿舍停电，但是同样导致我不能按时完成作业，白白丢掉了几分成绩。

这一件件事情，给我重重地敲了警钟！以后，不仅做作业不要拖拉，干任何事情，也应该尽可能早做，越早越好。

常常想着有“万一”，就能更好地避免想象不到的意外发生。

点评

恐怕没有一个人想误事。但有时候还是误事，其重要原因之一，是把一切只往好的方面想，不愿去考虑自己不愿面对的地方，不去想坏的变化与“万一”。

却没有想到：许多事情，是不以自己意志为转移的。不去正视不见得问题不存在，不去考虑不见得问题不发生。

因此，为了防止这种情况发生，我们要记住这样一个方针：

“常想没事，就会有事。常怕有事，就会没事。”

纯良如鸽子，灵巧又似蛇

今天，在我交了英语论文后，英语老师发邮件问我是否有时间，约我一起吃午饭，并叫我带着笔记本去餐厅。

吃完饭，我问老师为什么要我带笔记本。老师说，希望能够当面指导我修改论文，告诉我一些在大学里写好论文的诀窍，并且诚心地希望为上次的事情道歉。

我很是高兴，跟老师说没有关系，并且很愉快地接受了老师的辅导。

老师为什么要向我道歉呢？其实是因为之前一件让我很纠结的事情。

一天下课后，英语老师把我叫到办公室。我一进去，她就一脸“鄙视”地问：“这作文是不是你自己写的？”

我一愣，答：“是的，怎么了？”

我其实听出了老师怀疑我抄袭作文，可是我并没有抄袭。

老师一声冷笑，说：“不可能，你们这群中国人，就会耍鬼点子，别以为我看不出！”

英语老师是亚裔某国的一位大妈，平常看她和颜悦色的，今天这一句话彻底颠覆了她在我心中的形象。我们中国人怎么惹你了？干吗要扯到“这群中国人”这个层面上？

我有些恼火。第一，她没弄清楚事情真相就妄下定论“治我的罪”；第二，她说我就算了，干吗要说中国人怎么怎么样？这个老师太偏激了，真不知道她是怎么当上教授的。

但我还是压住心中的怒火。我想，既然我有理，我就不能动怒，我要淡定地与她交流，让她知道真相，这样她才不至于做出更加偏激的判断。

我问老师说：“您说我作弊，您有什么证据吗？”

她说：“我看过一篇类似的文章，跟你的很像。”

我说：“有可能只是相像而已，总不可能是一样的吧，巧合的可能性不是没有啊。”

她说：“你们中国人，太会玩花招了，你以为我会相信你吗？我跟你说，我随时都可以报告给学校，让学校在你档案里记一笔。”

看到老师很轻蔑的表情，我觉得又可气又可笑。可气的是她那样瞧不起我，甚至连我们中国人都瞧不起；可笑的是她不知道我其实写作方面向来过硬，不仅在托福考试中我的写作分格外高，而且在我的祖国，我刚刚出版了一本《管好自己就能飞》的新书，首印就 6 万册。

但是，我不想拿我的书说事，我要以我的素养和智慧，来改变她的印象。

于是，我冷静下来，理了一下思路，说：

“老师，您只是看到过一篇类似的文章，并没有把握说这两篇文章是一样的，说明您也没有把握我一定是抄的对吧？这样，我文章里找的那些网页资料、书本资料，在我的电脑里都有存档，也有网页浏览记录，我现在就打开电脑给你看，上面还有日期，就是前几天的事情。”

然后我掏出笔记本电脑，打开浏览器，翻开历史记录给老师看。并且我把我写这篇文章的几篇草稿都打开给老师过目，老师这下才没什么话好说。

但不知何故，她还是不罢休，说：“你别以为这点事情就可以骗过我，等我找到你作弊的证据，你就死定了。”

我真是无法想象，这竟然是一位高等大学老师说的话！我真是有立马去举报她的冲动。因为她不仅冤枉我，还那样说我们中国人，甚至有可能触犯了美国的法律，我是可以告到教务处去的。这样，她就不会有好果子吃。

但是，我并不想把问题复杂化，能处理好的关系还是尽量去处理好吧。

于是，我很温和地跟老师说：

“老师，可能我来得不是时候，刚好碰上您心情不好，如果您不方便，我改天再来，您看怎么样？”

接着，我又绵里藏针地说：

“您刚刚说的关于针对我们中国人的话，我觉得也许不是您的真实想法，我也没有必要报告给教务处了。我就先不打扰了，回头我发邮件跟您联系吧。”

老师这时候才突然有点意识到自己错了，对我说："好吧，那我们邮件联系。"

老师给自己找了个台阶下，我也没再多说话。

在下一堂英语课结束之后，老师让我留下来。等所有人都走了，她向我赔礼道歉，说上次处于生理期，而且跟朋友出去玩时喝得有点多，所以才会没控制好情绪乱说话。

她还很感谢我没有把她说中国人坏话的事情告诉教务处，还希望我不要跟别人提起这个事。我笑着说，当然不会告诉别人。

我以为老师上次道歉，问题已经解决了。没想到，这次她又单独请我出去吃饭，再次向我道歉，还辅导我更好地写论文。

我深深地感到欣慰：一般人做事，经常讲"理直气壮"，可我却是要"理直气和"。如果我上次很生气地跟老师吵，或者把这件事直接告诉教务处，现在我跟老师的关系肯定会更差。

我不由得想起一句西方名言："纯良如鸽子，灵巧又似蛇。"自己纯良的品质要保留，可处理问题的方式，也得灵巧啊！

点评

在遭遇不公正指责的情况下，你没有逞个人意气与老师闹翻，而是选择了更圆通的方式，这说明你处理问题已经越来越成熟。

一般人处理问题，往往采用两种方式。如与这位老师发生矛盾时，换了其他人，可能要么与老师撕破脸皮对着来，要么就忍气吞声。但是你对这两种方式都舍弃了，而是选择了第三条道路：一方面温和地尊重老师，另一方面坚定地表达自己的意志。达到了很好的效果：老师不仅向你道歉，还成了帮助你的人。这其实也体现了犹太人的一种办事智慧：

“当两条路摆在面前的时候，选择第三条。”

这样，你就从“非此即彼”的思维模式中跳出来了，找到了最好的方法。

爸爸教我的守时绝招果然很有用

今天我要去采访一位教授。我向教授发了邮件，教授跟我约的时间是下午 3 点半。

因为怕迟到，我很早就来到了教授办公室门口，一看表才 3 点。我便没有进去，而是在门口不远处的长椅上坐下，一边看书一边等。

3 点 29 分的时候，我站到了门口，手机上的钟一到 3 点半，我就敲门。

教授开门请我进去，之后非常热情地说："一分钟都不差啊，你真准时！"

当我坐到沙发上后，教授端了一杯水给我，之后认真打量着我，问：

"你就是刚刚一直在门口椅子上坐着的那个学生吧？"

我微笑着点头。

他接着说："我中途出去几趟都看到你了。那你为什么不进来呢？"

我说："我们约的时间是 3 点半，我怕迟到，所以早来了。但怕您还在做别的事情，不好打扰，所以没有敲门。”

教授一下子笑了出来，大为赞叹：

“没有想到你一个大学一年级学生，竟然有这样的素养！你将来一定会很有出息！”

之后，他很客气地接受了我的采访，提供了我需要的一切材料。当我要离开时，他还不断叮嘱一定要保持联系，有任何需要帮助的地方，只管向他提出。

这位教授在我们大学很有名，在采访前，我还很担心他会简单应付一下我。没有想到，通过这次短暂的采访，我不仅圆满地完成了任务，更值得高兴的是，在我刚进大学的第一个学期，就多了一位愿意关心和帮助我的“贵人”。

其实，我今天能做到这点，要感谢爸爸对我的影响。

爸爸任何时候都很守时，也要求我做到。记得有几次，我因为没能做到，爸爸严厉地批评了我。我有点不服气，不就迟到一会儿，值得这样小题大做吗？

这时，爸爸便对我讲述了一段亲身经历：

爸爸在省报工作时，有一个市长工作很出色，但很自负，不愿接受记者采访，甚至对《人民日报》、新华社这些重要媒体的记者都不例外。后来，有人想办法联系上了这位市长，特别介绍说爸爸很出色，他才勉勉强强答应了。

他们约好是晚上 7 点钟开始采访。还差十多分钟，爸爸就提前到门口了，但没进去，一直等到什么时候呢？等到市长办公室的电视机里中央电视台《新闻联播》的开播音乐刚刚响起来，爸爸就敲门。

大家知道，那正是晚上 7 点整。市长开门，对爸爸如此守时留下了非常深刻而美好的印象。这次采访不仅成功且愉快，后来爸爸还与这位市长成了朋友。

这件事，让我深刻地认识到：在现代社会，给人留下守时的好印象，对我们容易被人接受和顺利办事，何等重要。同时，我也进一步认识到：向好的榜样学习，其实也是我们成长和进步的捷径。

—— 点评 ——

在当今社会，有不少人尤其是青少年认为：尽管与人有约，准时不准时，问题不大。即使没有做到，也总能找到这样那样的理由去解释，堵车呀，出门时别人要自己办点什么事情呀，等等。

不要认为这样无所谓，因为，等待的人会因此对那人产生不好的印象。尤其是第一次与人见面时，第一印象不好，办事就没有那么方便了。

相反，假如你能格外守时，就能第一时间让人觉得自己受到尊重，也能让人觉得你信得过，这样，办起事情来是不是更加顺利呢？

你说从我这里学到了好的榜样，很高兴你能懂得如何学习别人有价值的东西。当然，爸爸也因此明白了一个道理：“孩子学习的是父母的背影”，所以，以后我一定要做得更优秀一些，尽量给你留下好印象。

“一个人只要方向对了，该有的一切都在路上等你”

今天在操场上看到这样一幕，让我感动得热泪盈眶。

在雨后初晴的操场上，近千名学生在听完我的演讲后，集体起立，举起右手，发表宣言：

我立志：从现在开始，学习自我管理！
管理好态度：自觉主动学习；
管理好安全：时刻远离危险；
管理好心情：告别消极情绪；
管理好欲望：拒绝不良诱惑；
管理好语言：学会三思而后言；
管理好行为：做行动的“巨人”；
管理好人际关系：读懂人性，赢得人心！
我们要做到：
让父母放心，
让老师省心，
做最棒的自己！

这里讲述的七个“管理”，都是我的《管好自己就能飞》一书的具体内容。而最后三句话，是这本书在封面上体现的三大效果。

我没有想到：我，一个刚刚离开中学不久的学生，写的这样一本小书，能引起这么多同龄人的共鸣。

亲爱的同学们，得到你们这样的认可，我非常感恩。

同时，我也懂得：能通过自己的点滴努力，让大家受益，这是人生最幸福的事情！

回宾馆的路上，我不由得想起这一路走来，许多人对我的认可：

在北京电视台做节目，著名的家教专家、知心姐姐卢勤不断夸奖我，甚至半开玩笑地说：对成长中的青少年而言，“知心姐姐”有了一个“知心弟弟”了。

在湖南长沙，我为母校麓山国际学校等 6 所学校做讲座，场场都爆满。中央人民广播电台甚至还发表了“长沙出现新气象：从追歌星影星到追成长明星”的报道。

这几天，我先是在湖南长沙，为 7 所学校和湖南妇联组织的 1000 多个家长和孩子做大型演讲，然后又到浙江省温州市连续做了几场讲座。

在玉海中学，没有想到校领导做主持时，竟然叫我“吴老师”。我一开始以为是说陪同我来的爸爸，结果没有想到是在说我！作为学生的我，竟然升级为“吴老师”了！这让我有一种特别的感动。

感动的同时，我不禁想起当初决定写作此书的情景：

那是从美国回来的第三天，爸爸要我把所有的总结放到一个文档里，他要好好看一下。当我整理好发给他后，爸爸很震惊，说有 38 万字，是三本书的素材啊！我忍不住问爸爸："我也能写书吗？"爸爸说："就你的成长探索而言，对同龄人的成长，肯定是有帮助的，当然可以写书了。只是你不要高高在上，像与好朋友分享就可以了。"

在爸爸妈妈的鼓励下，我整理出了这本书的提纲，也写出了部分样章。当爸爸回北京时，我们也向两家有名的出版公司尝试着提起：假如写这么一本青少年的书，会不会有市场。

我十分清楚地记得：当我向一个著名文化公司的编辑谈了谈我对那本书的构思，并分享了我的不少观点与故事时，这位编辑表示肯定，但是说由我单独出一本书，有几个很大的难点：

一是我的知名度还不够，再加上我太年轻，写书出版的话没多大影响力；二是现在的学生很难自己买本书去看，所以我的书不知道卖给谁好。

我本来是充满希望去的，但那一瞬间，我感觉像是被一盆冷水泼下来。既然这样没有希望，还值得我去写吗？如果劳而无功，还不如利用这个暑假好好玩一玩。

这时，爸爸严肃地送了我一句话：

"一个人只要方向对了，然后不懈地努力，该有的一切都会在路上等你！"

这句话给了我很大的力量，我跟爸爸表态，不管怎样，先把书写出来再说，而且一定要写好！

现在，我的书已在全国畅销（上市第二个月就荣登全国优秀畅销书排行榜总榜），并且激发全国很多青少年开展“自我负责，自我管理”活动。我现在更是亲眼见到学生们宣誓开展自我管理的感人场面，我不由得想起几年前看过的电影《当幸福来敲门》中的一个情景：

在篮球场上，儿子对爸爸克里斯说：“我以后想当一名职业篮球运动员。”而克里斯马上就否定了儿子，说他做不到。儿子一下子愣了，当时我也一下子愣了：一个爸爸怎么可以这么轻易否定儿子的理想呢？何况他也是一个在不断拼搏的爸爸。

然而克里斯接下来的话让我明白了为什么：

“如果你有梦想，就要守护它。当人们做不到一些事情的时候，就会对你说你也同样不能。”

原来克里斯是想借这个机会给儿子上课啊：在我们追求幸福和成功的路上，很有可能遇到他人的否定。这时候你最需要的，就是对别人的否定说：“不！我一定将理想坚持到底！”

我要告诉自己，也告诉许多有追求的同龄人：

努力去追求，也要做好被否定的准备，但对这种否定勇于说“不”，继续前行，这是走向成功的必经之路！

点评

“只要方向对了，然后不懈地努力，该有的一切都在路上等你。”这句话，是我创业最艰难的时候，一个名叫姜慧的朋友送我的话。

我按自己选准的方向去不断努力，后来的确看到了该有的一切都在路上等着自己。

你也勇敢地这样做，同样收到了类似的效果。

所以，想好就做，别在起点耽搁！

看准了方向，就要坚定前行，不必在乎他人的怀疑与否定！

第四章

学会共同生活：良好的人际关系从哪儿来

别人给自己钱和礼物要及时告诉父母

前天在小姨家，她给我做了很多好吃的，还给了我700块钱，让我去买双鞋作为生日礼物。

当时因为爸爸出差了，我买了鞋后，忘记告诉他了。爸爸起初没有留心。但两天后，也就是今天，爸爸发现我有双新鞋子，便问鞋子是怎么来的。我这才想起来，赶紧告诉爸爸是用小姨给我的钱买的。

尽管知道我不是有心隐瞒，但爸爸还是严厉地批评了我。

爸爸说：虽然小姨是自家人，不用那么客气，但不管任何人给了你钱或者礼物，都要及时告诉父母。因为，这不仅仅是给你的人情，也是给爸爸妈妈的人情。如果你不告诉爸爸妈妈，就是对送东西的人的一种不尊重。

听了爸爸的话，我反思后觉得自己的确做得不妥当。毕竟在这个社会上，钱往往是很多人最在意的东西之一。爸爸还特别提醒我：跟人打交道的过程中，涉及钱财的事情一定要特别小心，包括借了别人的东西，一定要记得及时归还。

爸爸还给我讲了一件他亲身经历的事。他刚参加工作不久，有一次去食堂忘了带饭票，于是向同事借了两张饭票。接着因为出差，爸爸就把这件事情忘了。虽然两张饭票不值什么钱，但爸爸后来得知：因为这件事，同事中有人私下议论自己喜欢占小便宜。于是爸爸赶紧将饭票还给同事，并再三道歉。

其实爸爸是很大方的人，但无意中的一次疏忽，却在同事那里造成了这样不好的印象，能不引以为戒吗？

爸爸的话，让我联想起奶奶给我讲的发生在他们村里的一件事：村里有一对正在上小学的小兄妹，春节时，一个平时跟他们家关系很好的叔叔，给了他们每人一个大红包。当时小兄妹的父母不在家，小兄妹没有将叔叔给他们钱的事告诉父母，而是自己拿着花掉了。结果两家的大人因此产生了嫌隙。小兄妹的父母想：平时连关系一般的人，过年都会给孩子包个红包，我们关系这么好，你却连点表示都没有；那位叔叔也有意见：因为关系好，我给的红包比别人都要重，你们却连一声谢谢都没有，好像我给再多钱也是理所当然。

慢慢地，两家就很少走动了。直到后来，那位叔叔无意中向别人说起这件事，小兄妹的父母才知道事情的原委，于是带着小兄妹去道歉，大家才解开彼此的心结。

所以，对待涉及钱财的事情，一定不能当“马大哈”。不仅有人给自己钱财或礼物时，一定要告诉父母，而且借了别人的钱物，也一定要尽快还给对方。

——点评——

人际关系往往十分微妙。在现代社会，不少问题往往与处理金钱上的一些小细节密切相关。如果不注重细节，很容易犯上述那些错误。只有考虑周全，才不会因为疏忽而引人误会，更不会因此损害自己的利益和形象。

说话前一定要考虑别人的感受

今天在新东方学校上英语课，发生了两件事情，一正一反。

第一件事是：上午，有个同学画了幅画，兴冲冲地拿过来问大家怎么样。说实话他画得并不好，大家的评价自然好不到哪里去，他一下子显得有些低落。

我看见了，于是找了个他画得比较有特点的角度，夸了他几句，这让他的心情看上去好了很多。

第二件事是：下午第一节课后，我因为很累，就趴在桌上睡了一会儿。同桌偏偏这时叫醒我，向我问一道题目，我有些不耐烦，看都没看就跟他说："我不晓得，你去问别人吧。"然后继续趴下睡。

我不知道那位同学听了是什么感觉，但后来我一想，虽然他叫醒我有些欠妥，但我的态度也不对。于是我跟他道了歉，他也为吵醒我向我道歉。

第一件事，我觉得做得还不错，因为我充分考虑了对方的感受，在别人否定他的时候，我想办法夸奖了他。而且这种夸奖是真心的、有根据的，并不是为了敷衍他而说假话，更不是在瞎蒙他。

有时候说话真是一门艺术，要明白对方想要听什么，在不违背“良心”的原则下，尽量满足对方的心理需求就好了。

—— 点评 ——

要让人际关系变得和谐，非常重要的一点就是“换位思考，换心感受”，时刻都在想：如果换成我是他，我会希望别人怎么做？

有了这样的意识后，那么不管做什么，都会首先考虑别人的感受，用别人希望或者能够接受的方式去做。

你稍稍弯弯腰，世界就变大

爸爸应邀去北京某社区参加一个重要活动，我也跟着去了。

参加活动的，主要是社区里的老爷爷和老奶奶。嘉宾除了爸爸，还有一些官员。有些官员一开口就打起官腔："这点十分重要……你们要怎么怎么样……"

但看得出来，大家对于这类讲话，只是表面上客气，鼓掌虽然也算热烈，但脸上的表情却有些冷淡。

轮到爸爸讲话了。尽管爸爸之前不仅给中央机关 38 个部委的领导上过课，还给中国航天、中国移动等大集团讲过课，在社区做讲座的规格应该是最低的了，但他却也很注意说话的方式：

"在这里，你们每个人的年龄都比我大，并且我相信，在你们每个人的身上，都有着很了不起的故事，所以我很尊敬你们，也很高兴有这样的机会和你们在一起，向你们学习。"

我注意观察了一下，发现那些老爷爷和老奶奶脸上的表情有了明显的不同，掌声也更加热烈。

在讲课的时候，爸爸并没有高高在上，而是不仅以分享的方式和他们交流，阐述自己的观点和方法，还一直和他们进行互动，让他们将自己的故事和经验讲出来，然后大家一起讨论和分享。

这样一来，整个讲座的气氛一直不错，大家参与的积极性也很高，讲完之后，有好几位老爷爷和老奶奶都特意走到台前，由衷地说爸爸讲得很好。

这让我想起了今年湖南的高考语文作文题：

“某歌手第一句话由‘大家好，我来了’变为‘谢谢大家，你们来了’，以此为题自拟题目写一篇作文。”

我觉得，这篇作文的立意，完全可以围绕放低自己、不以自我为中心，多看重他人而展开。

很多时候，我们越以自我为中心，别人就会越对我们敬而远之，世界就会越来越小。

相反，如果能稍稍弯弯腰，以平等甚至更低的姿态去跟别人打交道，反而会处处受人喜欢，世界也就变大了。

—— 点评 ——

在人际交往中最容易犯的毛病之一，就是处处要突出自己，时时表现得高人一等。

而在现实中，谁都不愿意和一个高高在上、看不起自己的人打交道、成为朋友。所以久而久之，这样的人，就会成为人际交往中最不受欢迎的人。

反过来，有能力却很谦逊，不仅自己有光芒，还懂得发掘别人的光芒，甚至有时候让别人成为主角的人，到哪里都会受欢迎。

开玩笑也要注意分寸，不碰人性的“地雷”

晚上我和表弟、表妹在外面吃饭。因为点的菜很难吃，服务员态度又很恶劣，我们都没吃好，于是决定到面包店再买点吃的。

本来大家都高高兴兴的，但我一时童心大起，跟表妹开了句玩笑，谁知她听了很生气，二话没说转身就走了。

刚开始，我和表弟都觉得表妹太敏感，好好的一场聚会因此不欢而散。就在这时，表弟突然提醒我说，表妹最近有些状况，这或许是她敏感的原因。我这才恍然大悟：我的玩笑可能正触及了表妹的某个痛处。

我很后悔，没有了解情况，就随便跟表妹开玩笑。回家后，我跟家人谈起了这件事。

奶奶提醒我，有时候，开玩笑也要注意分寸，否则就有可能伤人。奶奶说，表妹小时候也犯过这样的错误。一次，她在门口看到一个驼背的人，就笑眯眯地问他：“你背上怎么那么鼓啊？是不是背了个电视机啊？”虽说童言无忌，但那个人马上脸色大变，几乎是流着泪离开的。奶奶说，尽管她赶紧拿了点刚摘的玉米送给那个人表示歉意，但那人伤心的样子，她一辈子也忘不了。

所以，我们跟别人开玩笑时的确要注意，因为不是每个人都能够完全分辨什么是玩笑、什么是真话。就算他知道你是开玩笑的，但这句话如果正好戳到他的痛处，就等于碰了“地雷”，能不慎重吗？

点评

一般开玩笑是没有问题的，还能活跃气氛，但一定要注意分寸，尤其不要触及他人的痛处，否则就是碰了“地雷”。

也许有人觉得这是小事，别人不应该计较，但事实并非如此：媒体上不止一次报道，因为一句不得体的玩笑，戳到对方痛处，让对方觉得受到了羞辱，双方因此产生了很大的矛盾，甚至招来杀身之祸，酿成悲剧。

为什么会这样呢？打个最简单的比喻：一个小孩在玩火柴，地点不是在一般的地方，而是在一堆容易燃烧的木材边，旁边还有一栋价钱不菲的房子。最后不小心，把房子都烧掉了。

一盒火柴只有一块钱，被烧掉的房子价值五百万。表面上看，一块钱的火柴实在算不上什么，但却把价值五百万的房子烧掉了。这样的结果，值得吗？

感恩太重要，不用钱也能充分表达感恩之情

上个星期，寄宿家庭带我去另外一个州，参观了迪斯尼乐园。尽管根据美国的习惯，我所花费的那部分钱都由我自己承担，但他们能想着带我去玩，并且为我创造机会，我还是格外感恩。

于是，我最近都在琢磨着如何表达我的感恩之情。

今天一早，趁大家都还在睡觉，我就偷偷起来，按照食谱烤了一些糕点和饼干。他们起来后，看到桌上的糕点和饼干，觉得十分惊喜。

尤其是家里的老二，一次次问我："这些都是你做的吗？太好吃了！"

我告诉他们，做这些，是为了谢谢他们带我去迪斯尼玩。

寄宿家庭的爸爸妈妈听了很高兴，说和我这样知道感恩的孩子一起生活，他们也很开心。

家里的老三竟然还说我是个好人，因为我常想着他们，经常带他们玩耍，还带礼物给他们，以后他也要做一个像我这样的好人。

他们这样的反应，让我十分感动。以前，为了表达我的感

谢，每隔一段时间，我都会请他们到外面吃一顿饭。尽管爸爸妈妈都很支持，但毕竟是拿爸爸妈妈的钱去请客，我心里多少还有些歉意。而这次，我不需要用爸爸妈妈的钱，只是多付出一点劳动，反倒让寄宿家庭全家更高兴。这也给了我新的感悟：

对任何人的关心，我们都要怀着一颗感恩的心，并学会用适当的方式去回报。这也许不需要太贵重的礼物，也不用花费太多的金钱，同样可以做到。

点评

共同生活要进入良性循环，就要懂得积极互动，尤其是以感恩的方式进行互动。

前几年畅销全世界的《秘密》一书，引用了华莱士·D.沃特尔斯的一句名言："每日的感恩练习，是财富降临你身上的途径之一。"

的确，在现实中，痛苦的、纠结的人，总是习惯去挑剔；而快乐的、爽朗的人，总是习惯感恩。

落实到人际关系上，如果想要少一点阻力、多一点帮助，就得学会感恩。当别人为你付出后，不要认为是理所当然而漠然视之、不言不语，而要以语言和行动去积极回应和感恩。否则，那些原本常给你的帮助，就可能渐渐消失。

这次你用做糕点的方式表达自己的感恩之情，花的钱和时间都不多，但效果却非常好。这说明了一个非常朴素但很管用的道理：感恩不重在物，而重在心！

沟通是和谐的促进剂，及时沟通格外重要

我这次参加交流活动，不仅仅是学习，还要住到志愿者家庭中，和他们朝夕相处，感受真正的美国人的生活。所以每天晚上一项重要的活动，就是和他们全家一起看电视、聊天等。

因为明天要考试，今晚我得好好复习。吃完晚饭后，我就走进自己的房间。正准备拿起书看时，我突然想起有件事没做，于是赶紧出去，跟寄宿家庭的妈妈说自己明天要考试，今天晚上很抱歉，可能没法跟他们一起看电视、聊天了。

寄宿家庭的妈妈听了，微笑着点了点头，表示没关系，让我赶紧去复习。

虽然这在别人眼里可能不是什么大事，但我觉得绝对不能忽略。因为如果不跟寄宿家庭的爸爸妈妈说一声，他们可能会猜想，我在这里是不是不开心了，或者不想跟他们交流了。当我如实、及时地把情况告诉他们时，他们就不会误会，而我也可以安心地做好自己的事情了。

我觉得我今天的处理方式还是不错的。

但我也不是每次都能做得这样到位。比如我在寄宿家庭有一

项工作：寄宿家庭的妈妈洗碗后，我帮她把餐具擦干。有一次，我吃完饭急着下楼上厕所，没有及时告诉她，她以为我走了，就帮我把餐具擦干了。这让我觉得很不好意思，赶紧向她道歉。虽然她没有责怪我，但我还是告诉自己以后不要犯同样的错误了。

其实，很多误会和矛盾，都是因为缺乏沟通产生的。

如果每个人树立随时沟通、及时沟通的意识，矛盾和误会就会少很多，人与人之间的关系也会更和谐。

点评

西方管理学家指出：70% 的管理问题是沟通问题，80% 的工作问题是沟通问题，90% 的幸福是沟通问题。可以说，现代人如果缺乏沟通的意识和沟通的技巧，就像一个瞎子走在街上，不仅办事效率极低，而且也充满危险。

沟通的要点之一在于在乎他人的感受，要注意沟通的双向性、及时性。这次你与寄宿家庭的妈妈交流，最值得肯定的是交流的及时性。

如果我们观察社会，很容易发现：许多的误会与矛盾，都是由于沟通不及时而造成的。出现问题，不能及时沟通，日积月累，就会演化为大矛盾。另外，如果一个人平时有问题老搁在心里，不与人沟通，说不定哪天就来“算总账”，其结果往往是伤人伤己。

把握沟通的及时性，就能减少很多误会，就能创造更为和谐的人际关系。

不要只习惯前辈或强者关心自己，也要学会主动关心他们

今天晚上刚一上网，就看到交流生群里负责长沙国教的李艺喆老师着急找我。我以为出什么事了，紧张了一下……

原来，李老师找我，主要是想了解我在美国的学习和生活状况。因为李老师非常平易近人，于是我就像和好朋友聊天一样，跟她聊了最近的生活，还有对这次交流活动的一些感悟。李老师听后，觉得我的心态很阳光，希望我写一篇文章，登在他们的杂志上。

聊完这些后，我突然想到，刚才一直在说自己的事情，现在是不是也该关心一下老师了？于是我就问她，老师最近忙不忙？李老师说很忙，因为刚刚有一批新的交流生进来，要处理好多材料。

我知道那些材料处理起来非常麻烦，于是就说："谢谢老师当时那么不辞辛苦地给我们整理材料，让我们能够完成自己的梦想。"

李老师一下开心得不得了，她说：

“这孩子，真是太好了（这里还发了个感动落泪的表情），明年回来记得要来看看我们，听你说这话我高兴得午饭都不用吃了，再辛苦也值得。”

尽管老师的话有些夸张，但我再一次体会到了这句话的价值——

“每一个人都不会拒绝你的关心和夸奖，而这两样东西最容易拉近你和他人之间的距离！”

有时候，一句话说到别人心坎里，就能让别人特别开心。不过这次我更深的体会是：我们以往习惯了前辈（老师、父母）的关心，认为他们关心自己是理所当然的，却没有想到他们同样也渴望关怀和肯定，我们更应该主动去问候、关心他们。

点评

懂得主动关心老师，说明你越来越成熟了。你这样做，不仅能让别人开心，也能让你得到更多的关心和帮助。

年轻的学生习惯于前辈或强者来关心自己，却不习惯去关心前辈与强者，这是一个普遍现象。其实，一个人也许会拒绝金钱，但恐怕没有人会拒绝真诚的感谢和关心。懂得了人性的这个基本需求，就拿到了搞好人际关系的“通行证”。

不要因为别人的脸色改变态度，而要用自己的态度改变别人的脸色

在美国交流时，每个城市都设有一个地区代表，负责管理当地所有的交流生。我的地区代表是一个50多岁的美国女士，可能对中国学生缺乏了解，甚至有点偏见，她对我似乎特别严格，甚至有些苛刻，我有时觉得她像只“母老虎”。

对于这么一个人，我有些讨厌甚至害怕。可她隔三差五就会给我打个电话，对她的电话我往往是非常厌烦。

今天晚上她打电话给我，我像平常一样敷衍了她所有的问题，终于她问我：“你还有没有别的事情？”我暗自长长舒了口气，最开心的时候终于来了，因为只要我说一句“没有了”，就意味着可以挂电话了。

但我转念一想，我小学三年级时参加军事夏令营，从最初的想尽办法逃避到最终成为优秀营员，悟出了一个道理：“第一时间面对，第一时间成长。”面对这个问题，我为什么要躲避呢？

我又想起昨天晚上和国教李老师的交流体验，不由得想：老想让地区代表对我好一点，我为什么就不能主动关心她一下，来

改善我们的关系呢？

于是我壮着胆子问了她一句：“请问您最近忙吗？”而她只是很冷淡地回了一个字：“忙。”

我当时非常难受，有热脸贴了冷屁股的感觉，但我还是控制住自己的情绪，继续跟她说：

“要照顾我们这么多交流学生，的确要花很多的时间和精力。您真的太辛苦了，我们都应该感谢您！”

话说完了，但电话那头却没有反应，我以为她挂电话了，忍不住也想把电话撂下。但让人意想不到的是，大约过了 3 秒钟，电话那头传来一声带着感动和温暖的“谢谢”！

我简直不敢相信自己的耳朵，平时对我那么凶的“母老虎”，怎么一下变得像个温柔的天使了？

之后她像对朋友一样，向我倾诉了一些最近处理交流生的麻烦问题。听完之后，我对她说：

“您真不容易，一个人要处理十几个交流生的问题，要操很多心。不过您放心，我一定会努力做好自己的事情，帮您减轻一点负担。还有，您有时间也出去玩玩，这样也能让压力变得小一点。”

最后，我们在愉快的气氛中结束了通话。这真是一次非常奇妙的经历。因为这一件事情，她对我的态度好像有了根本的转变。

今天的经历，让我在为自己的成长感到开心的同时，也感悟到了人际交往中非常重要的两点：

第一，不要因为别人的脸色改变自己的积极态度，而要用自己的积极态度改变别人的脸色。

是啊，冷脸与热脸，都是同一张脸。只要自己积极的态度不变，付出的真诚不变，冷脸就能变热脸。

第二，弱者和强者有三大区别：

弱者总是期望别人包容自己，强者总是能够包容他人。

弱者总是等着别人关心自己，强者却能主动关心他人。

弱者会被动屈服于他人态度，强者却能积极影响他人态度。

我要学会当强者！

点评

人心都是肉长的，中国人还说：“伸手不打笑脸人。”

但有时候，并不见得你一开始就有效果。

就拿这次影响地区代表来说，当你第一次问她忙不忙时，对方表现得很冷淡。如果照你以往的心态，可能就赶紧放电话了，以后也不会再主动向她问好。

但当你决定，不管别人怎么样，自己都要将积极的态度坚持到底时，最终就把别人的“冷脸”变成了“热脸”。

人人都希望别人给我们热脸和笑容，但有时出于种种原因，我们得到的却是别人的冷脸。这时，一般人的反应是，你给我冷脸，我也不给你好脸色看。表面上似乎是维护了自己的自尊，但最终却让人际关系陷入了恶性循环。

假如我们能主动给予他人关心和肯定，就会慢慢融化他人心中的冰块，最终转变他人对你的态度。

在拒绝“好机会”中，体现中华民族美德

自从我和地区代表的关系改善后，她对我越来越关心了。

今天地区代表给我打了一个出乎意料的电话，她说已经为我挑选了一个更好的寄宿家庭，问我愿意不愿意换。

作为交流生，我已经住在美国的寄宿家庭里有几个月了。这个家庭一切都好，但美中不足的是，寄宿家庭的妈妈是家庭主妇兼作家，寄宿家庭的爸爸和三个孩子（年龄都比我小很多）喜欢在家里玩电脑游戏，都不大出门，而我却特别喜欢户外活动，不同的生活方式，有时候难免会让我觉得有点闷。

没想到，地区代表无意中了解到这一情况后，主动为我联系了一个新的寄宿家庭。那个家庭不仅可以为我安排更多的户外活动，更重要的是还有一个和我年龄相仿的孩子，如果我愿意，可以尽快搬过去。

刚听这个消息，我既感动又高兴。尤其是那家有同龄人，这样我们就可以一起打篮球或者出去玩了。

但就在我准备一口答应时，平时我经常实践的“正、反、合”的思维，让我想到了另一面。

见我没有回答，地区代表强调说："交流生就应该更全面地融入美国文化和生活，换一个家庭，对你的交流可能更有价值。"她还告诉我，不要对现在的寄宿家庭有什么顾虑，她可以和寄宿家庭的爸爸妈妈沟通，相信他们一定会理解。然后她让我考虑一下，到时发邮件答复她。

但此刻我已做出决定，对她说："谢谢您，不用了！不必换了。"

她很惊讶，问我为什么。我告诉她，寄宿家庭和我的生活虽然有不同的地方，但自从我来了之后，他们一直对我很好，处处关心我，为我着想。他们不仅免费给我提供食宿，而且给了我很多心灵的温暖。虽然换寄宿家庭，对我而言在某些方面可能更好，但我必须考虑现在寄宿家庭的感受。如果真的换，虽然他们也会理解，但还是会有挫败感，会觉得是对他们以前付出的否定。

我还告诉她，我出国前夕，爷爷正在住院，进手术室之前，他特意跟我说："出国后你一定要记住，你的行为不仅仅代表自己，也代表了家人，更代表了我们中国人。"我觉得，仅仅因为一点不如意，就急着换地方，让别人有失落感和挫败感，是不应该的。照中国人的说法，是"不地道"的。

听了我的理由，地区代表停顿了好几秒钟，然后跟我说了这样一番话：

"我从事交流生安置工作快 15 年了，接触了全世界很多交流生。以往有不少学生，都因为各种各样的不愉快吵着换家庭。

当然根据规定，他们有权利这么做。但你却是一个不仅考虑自己，更考虑别人的榜样。从你身上，我看到了中华民族的优良品质！”

地区代表的话，对我是一种很大的鼓励。来美国半个学期了，我确实遇到了不少问题和困难，但我都一步步走过来了，并且总结出了一些生活及与人相处的道理。虽然这只是一件小事，但也让我有点小小的成就感，更加明确了以后努力的方向。

点评

交流是双向的，不仅要学国外的好东西，也要让外国人看到中华民族的优秀品质，这才没有辜负这次交流的目的。

我们是一个强调家教的家庭，爷爷在病床上对你讲的那些话，当时就很使人感动，而你也真的听进去了，并运用到了实践当中。我们全家都为你自豪！

还有一点你也做得不错，那就是在做决策尤其是重大决策前，你没有忘记运用“正、反、合”的思维（先正向思维，再反向思维，再综合思维），真正做到了“三思而后行”。

不同的处事态度，不同的人生命运

今天在网上，看了两期天津卫视的求职节目《非你莫属》。

第一期中，有个应聘者是个海归。高中在新西兰留学3年，然后回国考上了北京外国语学院的英语系，毕业后做过英语老师，也做过兼职笔译。具体的我就不多说了，就说一个她身上让我最难忘的细节。

在场上，她一直在展现自己多么好，但一到主持人和面试的公司老总问问题时，她就会立即跟人争辩，当那些老总和主持人指出这点时，她又会露出不屑的笑容。用场上一位老总的话来讲就是："上一秒还是满目的恨，下一秒马上就能面带微笑，这太恐怖了。"

她给我的感觉也不太好：有点太自我，态度也不太好，估计已经忘了自己是在应聘吧？

当然，最后所有评委都给她灭了灯，没有人愿意聘用她。有个老总对她的点评是："很担心你以后到了工作中，别人若是做了什么不顺你意的事情，你会怎么样。"

可惜的是，这些点评并没有让她有所反思。在节目后的采访中，她表示受伤的是自己，自己没有要去攻击他们，反而觉得大家在攻击自己。

另一期中，有个叫李铭筱的应聘者，刚刚从南昌大学毕业，这是她第一次参加面试。

她给我的第一印象是特别阳光，脸上一直挂着自信而灿烂的微笑。

当主持人提到她的生活经历时，她告诉大家，她在校结了婚生了孩子（她今年才 23 岁），这难免让人产生疑惑：她对待事情会不会比较冲动？但她后来补充的一句话却改变了大家的这种印象："因为只要是我真的想做，我就会努力去做，前提是这个后果是我可以承担的。"这也可以看出，她做事是有结果思维的。

而她处理事情的方式也让我很受启发。当一个评委问她："如果说，你的老板有一天让你做个设计，但是你觉得他的点子太俗了，拿出去别人肯定会笑，你会怎么办？"她的回答是："我按老板的点子做一个，自己做一个，然后让老板挑。我用实力说话。"这样主动做事的人，无疑会受到领导的喜欢。

最后，12 个老总，有 11 个为她亮着灯（唯一灭灯的那个老总，也一直在夸她，只是公司没有适合她的岗位）。最后她选择去 58 同城工作。58 同城的老总甚至承诺，会努力在她孩子上幼儿园前帮她把北京户口办妥，如果没能办妥，对于她孩子需要交的学校赞助费，他会私人掏腰包。

我觉得这个节目很有意思，从应聘者各自的表现中，我看到了人与人的差别。节目给我最大的感悟是，一个积极开朗、善于沟通、做任何事都有结果思维的人，才是真正受欢迎的人。看这样的节目，对于自己与人交往以及将来的工作，都有所帮助。

—— 点评 ——

这固然是先熟悉职场规则，为将来的工作做准备，更是通过借鉴别人的经验教训，把握了处理好人际关系的关键。

两个管用但容易被人忽略的交友法则

今天发生了两件事，都和交朋友有关。

第一件：为了锻炼自己，这个学期开学的第三天，我就跑去学校办公室咨询有没有机会加入学生会。老师告诉我人已经满了，没办法参加。当时我有点失望。没有想到，前几天自习课时，一个我认识的学生会干部，跑到教室来问我还有没有兴趣参加学生会，现在还有唯一一个空缺的位置。我一听连忙说愿意，然后她就拿了张申请表让我填写。

按照申请表的要求，我要找20—50个同学在表上签名推荐我去学生会，还要找3名学生会的成员签字推荐我加入。

刚开始时，我还有点没底，心想会不会太多了，但没想到事情进展得非常顺利。一个自习的同学看到了这张表格，马上对我说：

"天哪，这机会太难得了！真是祝贺你啊！我帮你签名。"很快，整个教室所有人都自发地给我签了名，到最后签名表都签满了，还有同学要签。

当我去交申请表时，负责的老师还有些惊讶地说：

“哇！作为外国学生，你还挺有号召力，看来平时人缘不错！祝贺你！”

今天我得到通知：我被学生会正式录取了。这项工作将会是不错的体验，我一定好好加油！

第二件：今天去了同学开的party，其实也不是为了庆祝生日或者什么特殊的日子，只是几个好朋友在一起聚聚，大家都十分开心。

在party上，我更深刻地感受到了中国学生和美国学生在交友方式上的一些区别：

我们和朋友的联系很多建立在短信、电话、网络的基础上，真正一起共度的欢乐时光并不是太多。而美国学生呢，尽管他们也发短信、打电话、上网聊天等，但这只是社交的次要手段，他们更喜欢和朋友们聚在一起，一起享受一段快乐时光。这也是为什么很多人不嫌麻烦、不辞辛苦地分工筹备party用的食物、饮料，策划娱乐环节，都是为了和朋友们一起欢笑着度过几个小时。

我问开party的那个朋友，要怎么样，才能让一个朋友给他留下很深的印象。

他告诉我说，要成为好朋友，首先是要能够分享自己的感受，分享自己的故事甚至是秘密。

与此同时，最好还能共同做一些事情，这样才能留下足够多的回忆。只有真正共同经历过快乐、悲伤的人，才能被刻在记忆深处。

这引起了我强烈的共鸣。仔细想想，有些朋友跟我只是发发短信、聊聊 QQ 而已，并没有真正一起经历过什么，现在想起他们也不会觉得有太深的印象。

但也有一些朋友，尤其是小时候一起长大的朋友，我们一起放学在楼下骑过单车，一起疯跑过，一起演过动画片里的情节……现在虽然难得相聚，但只要一见面，仍然是那么亲切，就像从来没有分开过。

今天的两件事情，让我思考了两个容易被人忽略的交友法则：

第一，平时要积累人缘，关键时刻才能得到大家的大力支持！

第二，不要停留在网络交流等间接体验上，而要尽力共同做一些事情，经历一些事情，创造难忘的直接体验！

点评

中国有句俗语：“平时不烧香，临时抱佛脚。”说的是有的人，平时不注意处理好人际关系，等到有问题发生了，才急着去求人。在这种情况下，虽然有时也能得到一些帮助，但大多会收获甚微。

你在选学生会干部时，能得到大家的支持和推荐，可见平时的确重视了处理好和大家的关系。可见，“平时”和“关键”时候的关系，是何等密切。

另外，和朋友处理好关系，创造共同的体验也很重要。这对于所有需要强化情感的场合其实都适用。如美国著名婚恋学家莱西说过：“一个家庭，要和睦和幸福，就必须做到两点：一是分享，二是分担。”

分享的是体验，分担的是责任，而这往往需要在共同做一些事情中去实现。所以不仅在有机会共同做事的时候不要放过，不要置身事外，还要主动去创造这种共同做事的机会。

只有共同的体验和创造，才能维系和发展最好的情谊。

即使再亲密，也别“想当然”

下午，寄宿家庭的妈妈在清理院子时，发现一些树木的枝条太长了，打算修剪一下。这时寄宿家庭的爸爸正好下班回家，看见她在院子里忙，就很开心地远远打招呼，要过来帮忙。

刚走进院子，他就发现寄宿家庭的妈妈正在修剪一棵树的树枝，脸色和声音立刻全变了，大声地说：

“你在干什么？别告诉我你在剪我最喜欢的那棵树!!”

寄宿家庭的妈妈一听，连忙停了下来。

“你明明知道，这是我最喜欢的一棵树，现在却差不多都被你剪光了！”

尽管有些委屈，寄宿家庭的妈妈还是马上道了歉，等他怒气稍微平息之后，才解释说：“其他树枝我都修剪完了，就留着这棵树不修剪实在不好看。”

对于这样的解释，寄宿家庭的爸爸尽管也理解，但还是说道：

“我不管你是怎样想的，你知道我喜欢这棵树，你征求过我的意见吗？”

实际上，平时寄宿家庭的爸爸妈妈关系很好，想不到他们会因为这样一件小事红脸生气。或许寄宿家庭的妈妈觉得，这样一件小事，做了也就做了。而实际上，即使亲密如家人，有些事情也不能想当然，如果寄宿家庭的妈妈事先征求一下寄宿家庭的爸爸的意见，估计就不会出现这样的不愉快了。

点评

很多人认为，沟通往往是陌生人之间的事情，亲人之间，连谁的眉毛长得怎么样都一清二楚，一点小事还需要去沟通吗?

其实，任何人都是单独的个体，既然是个体，就有着不同的愿望、想法、兴趣以及在乎的东西。所以不要从自己出发，理所当然地认为你就百分之百了解对方，更不要擅自为对方做主。这样，大家才能少点矛盾，更加和睦。

被幸福拥抱的毕业典礼

今天是高中毕业典礼的日子，我早早就穿好了学士服来到仪式现场。在那里，我看到了很多熟悉的面孔，不论是朋友还是老师，每个人脸上都挂着欢乐的笑容。

在美国，毕业典礼是很隆重的，它对学生们来说意味着长大，意味着独立生活即将开始；对老师而言，每参加一次毕业典礼，就意味着又帮助了一批学生走上崭新的人生旅程。

很快，典礼的时间快到了，我们开始排队入场。

入场时，不仅有交响乐团给我们奏乐，有摄影师给我们摄影、照相，周围坐着的学生家人和朋友也都为这一届的毕业生欢呼鼓掌。这是多么隆重的氛围啊！这样的毕业典礼，估计只有在美国才能看到。

接下来，我们听了一些演讲，有学生讲的，有老师讲的，也有一些已经毕业并有所作为的学长讲的。一些学生不放过每一个调侃老师的机会，引得大家哈哈大笑。

接着我们排队上台领毕业证，老师每念一个名字，我都会留意一下欢呼声有多大，因为这直接反映那个人受欢迎的程度。自然有的人得到的欢呼声很大，有人只得到了稀稀拉拉的掌声。

我当然也很想做前者，但我毕竟只是一个刚来一年的黄皮肤的外国学生，我能得到欢呼声吗？对此我有点担心，甚至有点害怕上台。

当我越来越接近领奖台时，我的心跳也越来越快，我想如果我有隐身的特异功能，我会选择消失一段时间。但是我没有，只好硬着头皮，走了上去。

意想不到的是，当老师念出我的名字时，我听到台下一大片的欢呼声——不仅有和我一起毕业的朋友，还有坐在亲友席里其他年级的朋友，甚至一些家长都在为我吹哨、喊加油。

我瞬间被感动了，当时感觉就像被整个世界拥抱一样温暖。

那一刹那，我来美国前后的一些感人片段，就像电影画面一样，浮现在脑海：

寄宿家庭的爸爸妈妈去机场迎接我之前，特意从网上找出中文“欢迎”两个字，一笔一画写在了接机牌上。

有一次寄宿家庭的朋友请他们全家去吃饭，知道我在他们家生活时，她也非常热情地邀请了我。怕我用不惯刀叉，她还特意跑到十几英里外的亚洲超市专门给我买了双筷子。

前天晚上，知道我很快就要离开了，一些同学专门为我开了一个欢送派对。大家一一跟我拥抱，然后跟我玩疯狂的水气球大战，请我吃他们精心制作的点心、水果，还不断地感谢我、夸奖我并勉励我。

最让我难忘的是，有的同学不得不提前离开，他们抱歉地跟我说再见和珍重——他们要去打工，但即使再忙，他们也要先参加我的欢送派对，然后再匆匆忙忙赶去打工。

……

这些温馨而难忘的画面，会永远珍藏在我的记忆中。

在大家的欢笑声和掌声中，我接过了毕业证，回到了自己的座位上。

毕业典礼结束后，朋友们都各自道别离去，看着他们的背影，我的心情很复杂。其实真正要离开的是我自己。这一别，不知何时才能再见。

晚上回到家，我收拾好所有的东西，房间看起来就像我刚来时那样，干净、整洁、空空荡荡。时间真是无情，都不给人反应的机会，就匆匆流走了。

收拾完后，我来到客厅，静静坐下，和寄宿家庭一起看一部喜剧。虽然喜剧很好笑，但却没人笑出声来，因为大家都知道，离别在即，我想我们的心情都一样复杂、难过。

就这样坐了一个小时，我站起来一一和他们拥抱道别。尽管眼泪在眼眶里打转，但我没让它落下来。这一年，我们把彼此当成了家人，突然要告别，我们都难分难舍。不过总会有一个结尾，而这个尾声也确确实实就要到来了。

人生中，或许会有很多类似的事情——你来到了一个美丽的地方，遇到了很多美丽的人，他们在你的生命中留下了很多温暖的记忆，但最后你们却不得不分开。当你无法打败这个名叫时间的大力士时，该怎样做呢？

首先，一定要好好珍惜身边的每一份缘分，它们都来之不易，就像寄宿家庭的妈妈跟我说的：

“珍惜你现在拥有的，因为迟早有一天它会不复存在。”

与此同时，在以后的人生道路上，我要时刻提醒自己：

你已经体验过别人给你的、人世间最美好的情感。以后，哪怕别人和你素不相识、没有利益关系，你也要像今天毕业典礼时感受的那样，决不吝啬自己的掌声和笑声！

点评

作为交流生在美国的一年，你收获了太多的感动，我们全家也经历了同样多的感动。当看到你毕业典礼时的体验后，我们为你高兴，同时，也对所有帮助过你的人，深深感谢！

让我们一起学会珍惜、学会回报，也学会感恩！

别让帮人成害人

今天，表弟来爷爷奶奶家吃午饭。

吃完饭，他看见我摆在茶几上的电脑，就走过来问我："哥哥，你电脑里有游戏没有？"

因为临近中考，他的爸爸妈妈怕他分心，把家里的网停了，也不准他玩电脑和手机。我想他肯定是心里痒痒想玩了，就说："有是有，不过我不怎么玩。"

他马上说："都有什么啊？你不玩给我玩玩呗！"

我说："不行啊，你爸妈不让你玩电脑，就是怕影响你的学习，我更加不敢让你玩了。"

他还是不肯放弃，说："你看，我模拟考试都进步了，当然得放松放松。"

我一听，马上有些紧张，离考试只有20多天了，现在哪是放松的时候啊？

看我拒绝了他，他有些生气，说："你不给我玩我就走，我自己玩去。"

我告诉他："就算你要走，我也不能给你玩。"

他果然生气走了。虽然我知道他肯定会因为这件事情对我不满，但我觉得自己这样做没错，他其实也是一个优秀的孩子。总有一天他也会理解。

点评

很多人，因为怕伤了感情或者拉不下面子，对于朋友或者别人一些不合理的要求，也不懂得拒绝，而是无原则地答应。这样的结果，不仅不是在帮别人，而是在害别人，同时也会让自己陷入困境。

所以，一个真正对别人负责的人，不单是帮助他人，也要敢于拒绝他的不合理要求，尽管这样做可能会让别人不高兴。

因为这件事，表弟开始没有理你，他其实也懂事，最终他肯定能理解你并感谢你的。

真情价更高

为了庆祝毕业，我们高中同学组织了到桂林的旅游。今天，我们游漓江。在船上，发生了一些有意思的事情。

很多人游漓江都是为了在一座山峰前举着二十元人民币照相，为什么呢？因为二十元人民币的背面图案，就是漓江边上的这座山。

导游跟我们开玩笑说："一百元人民币的背面是人民大会堂，五十元人民币的背面是布达拉宫，二十元人民币的背面是桂林山水，十元人民币背面是长江三峡，五元人民币背面是泰山，一元人民币背面是西湖。而这些人民币正面都是毛爷爷，所以，这是毛爷爷在告诉我们，赚了钱，是要出来旅游的！"

游船开了一会儿，我们来到了二十元背面图案的山峰前，大家纷纷拿起二十元的钞票开始照相，我们班最搞笑的泽哥，因为找不到二十元的钞票，竟然拿了两张十块的出来，很淡定地举起来跟大家一起拍照！

因为已经毕业，大家都免不了谈以后的理想。我发现，有几个同学赚钱的欲望很强，他们觉得，不管上不上大学，将来都要好好赚钱。有的人说，将来走入社会，就不会有那么多诗情画意了，要实在一点，人民币才是最管用的。

在如今的社会，有这样的愿望，也可以理解。但后来发生的一件事，给了我很大的触动。

正当站在甲板上欣赏山水的我们有点累时，突然闻到一股诱人的香味，原来船的后面，一位老奶奶正在炸鱼和虾。

这一下子把本来就有点饿的我们馋得不得了，一个同学连忙上去问她，那些炸好的鱼虾卖不卖？多少钱？

谁知老奶奶却告诉我们，这些鱼虾不用钱，是她特意为毕业旅行的我们准备的。

我们一听特别开心，马上将全班人马都集中到餐厅，等着吃鱼吃虾。

很快，老奶奶端了好大一盆炸好的鱼虾给我们，一边让我们先吃，一边又继续去炸。我们一个个都吃得很香。跟着伙食不太好的旅行团一起出来，还免费吃到这么好的东西，这真让我们所有人都没有想到。

深感幸福和感恩的同时，我也忍不住想：在这个世界上，金钱固然重要，但还有比金钱更重要的东西。

——点评——

你初中的班主任周亚薇教育你们：“人生的价值，很大程度上在于让别人因为你的存在而感到幸福。”

其实，这种存在，很多时候跟金钱无关，而是多为别人着想，多为别人付出。因为你的存在而感到幸福的人越多，你的人生才越有价值和意义。

以协作精神与新同学打成一片

今天早上，我们打算去食堂吃饭，顺便考察考察，看离我们最近的食堂伙食怎么样。

然而到了食堂，我们却被告知，食堂要明天才开始运营。

这可怎么办？之前买的干粮已所剩无几，宿舍里安排的临时伙食也已到期。看来只有自己动手了。于是我们把刚买的锅碗瓢盆都利用起来，准备一起做晚饭吃。

于是我们几个公寓的同学（主要是中国留学生）一起坐车到了亚洲超市，买了调料和菜，然后回到宿舍开始做饭。

由于几个公寓隔得很近，我们便开始分工协作：三个公寓同时做菜。做好后，我们端着菜，到负责提供饭桌的同学那里集合（这个男生由于没有买锅，没办法帮我们做菜，但又不想饿肚子，也不好意思白吃白喝，就提出提供吃饭的场所和洗碗服务）。

我和室友做了三个特别简单的菜——洋葱炒肉、醋熘土豆丝和清炒荷兰豆。

室友负责洗菜切菜，我负责炒菜。由于配合默契，几道菜做得非常顺利。在做最后一道菜——醋熘土豆丝时，我们简直都被自己的手艺迷倒了，那色泽、那香味，没的说！我们甚至开玩笑说：“要不不跟他们一起吃饭了，我们自己把这些菜分了吧！”

吃饭时，各种各样的菜摆了一桌子。饭桌上除了我们，还有一位来自长沙、在普渡大学读研究生的学长，学长给我们带了很多饮料和水果，饭后还和他的朋友一起开车带我们熟悉校园。尽管是第一次在学校做饭，但大家的手艺都不错，每个人都吃得很开心，而原本不太熟悉的同学，也在吃饭的过程中一下子拉近了距离！

本来，我们还邀请了帮我们选课的老师来吃晚饭，他答应了，但后来却没有来，原因是有个同学在超市买东西没带够钱，不知道联系谁好，就联系了选课的老师。老师后来告诉我，这个同学比较自闭，平时很少和人交往，选的也是自己一个人一间的宿舍，结果到了需要帮助的时候，却不知道找谁好。

老师的话，对我也是一个提醒。到了大学，就是一个全新的开始，尤其是在异国他乡，同学和朋友间的团结和互助就显得格外重要。当别人有困难的时候，要尽量去帮别人，这样当自己有困难的时候，别人才会来帮你。

点评

到了一个陌生的环境，如何才能快速融入？大家共同协作做好一件事情，就是一个非常好的融入途径。

你刚进入大学，就通过和大家一起做饭，迅速拉近了彼此的距离，这是一个良好的开始。

其实不仅仅是做饭，还有很多方式也可以快速融入新环境。比如，抱着服务大家的心态积极参加一些学校组织的集体活动，看看自己能做些什么、怎样才能更好地参与，等等。

主动帮人，刚上大学就赢得两个中东朋友

今天我刚回到宿舍，就听见有人敲门。开门一看，原来是前几天认识的一个来自中东的帅哥，他还带了自己的表哥来给我认识。彼此介绍后，他的表哥拿出一份送给我的礼物——一副他爸爸公司生产的墨镜。

尽管我平常不戴墨镜，但看得出来，这是一副做工精良的墨镜。尽管很喜欢，但这样冒昧地收别人礼物感觉不太好，于是我便委婉地谢绝了。

一见我拒绝收礼物，两兄弟有点着急了，他的表哥强调说："这是对你帮助我弟弟的一点表示啊！"

原来是为了那件事啊！

那是我到普渡大学的第一天，报完到后，我就在校园里熟悉环境。

突然，我看到前面有个学生，吃力地提着沉沉的两大箱行李，走几步歇几步。我想他可能是新生，或许需要帮助。于是赶紧上去，一问，他果然是要去报到的新生。

于是我帮他提起大一点的那个箱子，陪他走到了新生报到

点。当我准备离开时，突然想，报到点离宿舍区还有一大段距离呢。他箱子这么重，到时同样提不动啊。

于是，我等他办完报到手续，又帮他把箱子搬到了宿舍。临走的时候，他再三向我道谢，还询问了我的名字和住处。

帮忙提一下箱子，对我来说，不过是举手之劳。没想到，这位中东的学生和他的表哥却特意登门道谢。

那位同学的表哥说，他也是普渡的学生，本来他那天是要去接表弟的，但因为有特别的事情，所以没有去成。让他没想到的是，表弟一进校园就遇到我这样的热心人，所以他很希望和我成为朋友。

不仅如此，那位同学还告诉我，他已经告诉了他所有来普渡的朋友，在 Hilltop（我们公寓的名称）里有一个来自中国的“好人”。他会介绍很多人来认识我，如果我有什么需要帮助，他也会尽力而为。

只是做了件小事，却得到了这么高的评价和肯定，这是我没有想到的。我从来没有交过中东的朋友，他们的热心使我感动。虽然说我不图他们真的为我做什么，但是一进学校，就体验了这种从陌生人迅速成为朋友的过程，还是感觉很快乐也很温暖。

最终，我接受了那副作为礼物的墨镜。而且通过这件事，我再一次感受到了帮助别人的快乐和价值。我觉得，帮助人应该以下面三方面作为标准：

第一，要主动去帮。

即使别人没有提出来，只要自己发现别人有困难，就应该主动伸出援手。

第二，要全力去帮。

也就是说，只要在你的能力范围内，就应该尽量做到最好。

就像爷爷经常对我说的那样：

“年轻人有的是力气，不要吝啬你的力气。帮人就要帮到底！你越帮人，你积的善越多；你越帮人，你的本领也会越大。”

第三，要心甘情愿去帮。

既然是帮忙，就要心甘情愿，不要有什么目的，即使帮了别人得不到回报，也不要有怨恨发牢骚。因为动机越单纯，体会到的快乐也会越多。

点评

帮人有不同的帮法。有的是应付式的帮忙，有的是打折扣的帮忙，有的是完成任务式的帮忙，有的是有目的的帮忙，还有的虽然帮了忙，却一肚子怨言。

就像你在总结中说的，帮助别人应该是一种快乐，而不是一种负担。

当帮助别人成为一种习惯，而且不求回报的时候，我们才能从中体会到真正的价值和意义，也才能使人与人之间的关系变得更加和谐。

要自强，还要自谦

下午我参加了工程会会员的招新活动。这是普渡大学一个很重要的协会。招新会上，会长决定以头脑风暴的形式来测试哪些人有资格进入工程会。

我本以为会长会出一些科学技术实践方面的问题，可没想到会长让我们分小组讨论如何才能最好地做到自我管理！

我心中不禁一阵窃喜，我写的《管好自己就能飞》一书，主题不就是这个吗？讨论这个，我可是太有体会啦！

但我提醒自己，即使自己对于这个问题有深的体会，也不要太突出自己。所以在小组讨论时，我并没有一开始就阐述那些早就烂熟于心的观点，而是等到听完所有人的发言后，我才最后一个发言。

尽管有的同学发言并没有太多的新意，但我还是先夸赞并感谢了他们，表示他们的发言对我“刚刚想出的观点”很有启发和帮助。

然后我精选了一些观点和他们分享，在这个过程中，我并没有提及我已经写过有关自我管理的书。

对于我的那些观点，大家都觉得不错，既新颖又有启迪，结束的时候，还给我送上了热烈的掌声。在我们小组进行汇报时，工程会会长表示看好我，当即希望我加入他们的工程会。

当时我觉得特别有成就感。尽管上大学前的那个暑假，为了写书，我几乎没有玩过一天，为此我也抱怨过，但现在想想，如果当时光玩了，肯定没有今天这么多的收获。

同时，我也深深地感到：一个人，要自强不息，但是在人群中，却也要懂得谦虚。这样，你的能力和你的胸怀，才更容易得到他人认可与器重。

点评

做事要多一点光芒，做人要少一点锋芒。

很高兴看到你在小组讨论的时候，把握了分寸，没有过多地张扬和突出自己。

很多有才能的年轻人，总喜欢迫不及待地展示自己的才能，巴不得所有人都看到他的过人之处。事实上，过于张扬的人，往往不太受欢迎，因为他会在无形中挫伤别人的成就感和积极性。

《易经》六十四卦，其他六十三卦都是有好有不好，只有谦卦是六爻皆吉。由此可见谦德的重要，真正优秀的人，就得像成熟而饱满的麦穗一样。

一句“我爱你”，有时是最好的疗伤药

下午，我们去超市购买这两周的生活必需品。回去的车上，我看到了一个让我非常感动的画面——

一个小女孩牵着自己的盲人爸爸缓缓地上了车，从她爸爸走路不协调的姿势来看，她爸爸的右腿应该还有残疾。

美国的巴士都非常准点。一般来说，几点该到哪个站就会几点到，所以司机们基本上不会在一个站多耽搁，怕万一错过了时刻表，给乘客带来不便。

但这个司机，因为看到那位盲人走路不方便，就主动离开驾驶座，和小女孩一起搀扶他到座位上坐好。

这一幕让我很感动。

那对父女就坐在我前面，我有机会观察他们。我看到小女孩手里拿着一大块巧克力，表情很开心，我想，这或许是爸爸奖励给女儿的零食吧。

突然，我听到小女孩问爸爸：“爸爸，你想妈妈吗？”“嗯，我很想她，她是世界上最美的女人。”我开始以为小女孩的妈妈出差了，但这个男人的回答让我觉得有一些……过头了吧，那么

肉麻的话应该是两个人恋爱的时候才会说的吧！

小女孩接着又问："那妈妈什么时候从天堂回来看我们？"尽管只能看到小女孩的侧脸，但这足以让我看到她眼中的天真无邪。我的心里咯噔一下：难道小女孩的妈妈去世了？

那个男人抱了抱小女孩，说："妈妈在天堂过得很好，而且天堂很远，她可一时半会儿回不来哦……你妈妈是世界上最爱我的女人……"

说到这里，那个男人开始啜泣。虽然他们的对话声音很小，但我相信全车厢的人都听见了，因为自从他们的对话开始后，车厢里其他的声音都渐渐消失了。

只见小女孩低头想了一会儿，突然，她掰下一块巧克力塞到爸爸嘴里，说："爸爸，别哭！从今天起，我就是世界上最爱你的女人！"

小女孩说出这句话的那一瞬间，我的心被深深地打动了，虽然和他们素不相识，我却情不自禁地说了句：

"上帝会保佑你母亲，也会保佑你们！"

相信不只是我，全车厢的人都被她感动了，不少人也纷纷说出了和我类似的话，并向他们送上了最真挚的微笑。

小女孩的父亲一边向我们说谢谢，一边幸福地亲吻着他的宝贝女儿。

很快，他们就到站下车了。看着他们在夕阳下渐渐远去的背影，我想，如果我是位画家，一定会将这幅美景细细描摹，永远珍藏。

点评

人生最大的需要就是被需要。

即使是最亲密的家人，也不要吝啬说出像“我爱你”“你对我的生命如此重要”这样的话语。尤其是在亲人心灵上受到创伤的时候，告诉他（她）你多么需要他（她），或许就是最好的疗伤药。

两只小松鼠教育我们如何获得珍贵友情

今天在路上看到两只小松鼠。它们面对面坐着，各自手里拿着个坚果往地上砸。

有一只小松鼠砸了很久都没有砸开，而另一只很快就砸开了。它把坚果砸开后，把能吃的部分掏了出来，准备吃。

但是当它看到对面的松鼠时，非常有爱的一幕发生了——它把果肉咬掉一半，然后把另一半递给对面还在砸坚果的伙伴。

于是，对面那只松鼠暂时放下了手中的坚果，接过那半个砸开的坚果，幸福地享用起来。

多美的画面啊！可惜的是，在我打算用手机拍摄下来时，它们被我惊动，一下子蹿走了。

我想，有时候，友情其实很简单，就是和朋友分享自己拥有的那个坚果而已。

点评

因为一对可爱的小松鼠，你感悟到了友情的简单和可贵。的确，走出自我，就有广阔；走向他人，就有情谊。

“行善可开运”

天真冷，一下课，我就匆匆忙忙往宿舍赶。

路上，我看到一个老先生正蹲在路边修自行车，于是就走过去问他，是否需要我帮忙。他双手一摊，说自行车坏了，不知道怎么才能弄好。

风很大，同学叫我赶快走，但我觉得应该帮帮那位老先生，于是就让他们先走。毕竟我学的是物理专业，很快就看出自行车哪里出了问题。我请老先生把后轮抬起来，然后鼓捣了一番，车子很快就修好了。

当我准备离开时，老先生叫住了我，告诉我他是普渡大学的经济学教授，为了表示感谢，他要送给我一张周末橄榄球赛的门票。

我顿时心花怒放，为什么呢？

首先当然是能够帮助别人，让我觉得很快乐。

其次是这张橄榄球门票是我很想得到却一直没有得到的。

美国人最喜欢看橄榄球比赛了。这一周的比赛，是一场非常重要的主场比赛，因此一票难求，很多同学想尽办法也没有抢到票。老教授的这张票，是一个学生好不容易弄到送给他的。

到美国后，我也很喜欢橄榄球。因为老教授执意要把票给我，我就接受了。但以这样的方式得到我梦寐以求的门票，却是我没有想到的。

虽然我当初帮老教授时并没有任何目的，但结果却再一次印证了妈妈给我讲的一个中华传统文化的观点：

行善可开运！

点评

从小，妈妈就教育你“行善可开运”——做好事能带来好运气。而你也通过实践，一次次感受到了这句话的力量。

在生活中，我们会看到，有些人不管做什么都很顺利，总能遇到帮助他们的“贵人”。其实，创造这些“贵人”的，不是别人，正是他们自己——当一个人时刻都在想着帮助别人的时候，那么，别人也会反过来帮助他们，而这些帮助他们的人，就是他们生命中的“贵人”。

让人拍案叫绝的批评艺术

今天上课时，有个同学没有听讲，而是用笔在讨论用的白板上画画。

这时，老师的助教突然出现在他身后，然后对老师说：

“麻烦您过来看看这位同学在干什么！”

老师走了过来，拿起他的画仔细看了起来。

当时那位学生紧张极了。我们也都在想：这小子该倒霉了。

谁知老师看了一会儿，说了句：“画得不错！”

更让人没有想到的是，老师接着说：

“能不能把这幅画送给我？我也喜欢画画，下课后你来我办公室跟我聊聊你的画画技巧吧！”

老师的话，让大家都愣了。老师说完后，就若无其事地继续上课了。

下课后，那位同学“红光满面”地去了老师的办公室。

出来后，我问他：“老师在办公室跟你说什么了？”

他告诉我，老师在办公室里严厉地批评了他，他也很诚恳地认了错。

细想一下，这位老师批评人真有艺术！他在课堂上给那位同学留足了面子，但私下里却一点没有放松对他的批评和要求，最终达到了理想的效果。

这样处理问题的方式，让老师在我们心中的形象变得更好！他这种方法，也值得我以后好好学习。

—— 点评 ——

老师的这种做法，体现的也是一种我们中国哲人讲的为人处世智慧：

“扬善于公堂，规过于私室。”

也就是说，表扬人的时候，可以在公开场合进行。但批评人的时候，却要尽可能在私下场合进行，而公开场合则要先尽量给别人保留面子。这样做，才会让人更容易接受。

这样的方法，在处理和朋友、同学的关系时，同样适用。比如觉得朋友有做得不对的地方，可以在私底下指出来，但千万不要在公开场合指责他，让他觉得丢面子。

少一些“你应该”，多一些“我可以”

吃完午饭后，我就向室友坤叶提出给宿舍来个大扫除。他本来有些别的安排，但对我的话还是立即响应。于是，我们花了大约两个小时，把房间打扫得干干净净。

看着重新变得窗明几净的房子，尤其看到本来有不少油渍的厨房一下变得这么干净，我们都觉得开心极了。

然后我们坐在沙发上，舒舒服服地看起电影来。电影看到一半，有人敲门。

一开门，发现竟然是好久不来光顾的宿管！这下我们有些紧张了，一般宿管上门拜访，要么就是我们“犯事”了，要么就是他有什么东西要发给我们。

看他两手空空，我们心想这下不妙，于是赶紧请他进来坐，并且殷勤地问他要不要喝饮料。看到我们的这些举动，他觉得有些奇怪，于是说：“你们别紧张，我只是来检查一下卫生，对一二栋宿舍的卫生进行一个评比，排名前三的我今晚请吃饭。”

这可太巧了，我们刚刚做完大扫除，而一二栋那些懒得要死的男生们，宿舍收拾得哪能比我们的干净？

于是我们名正言顺地得到了奖品——免费晚餐一顿。

吃饭的时候，宿管问我们："我发现你们两个相处得非常好，好像从来不闹矛盾，每次来你们这里，房间也整理得很好。你们是怎样做到的？"

这位宿管的观察的确没错。周围有不少同学都反映说寝室里的关系不太融洽，有的没住多久就要换宿舍。也有人问过我们为何能处理好关系。

原因其实很简单，这应该是我们都遵循"少一些'你应该'，多一些'我可以'"这一原则的结果。

我和室友之所以关系融洽，相当程度上是我们基本上都是先想着自己去尽责任，而不是先想着要求他人，有事都能合理分担，有时甚至还抢着做。

其实不只是处理好室友之间的关系，这也是人际交往中获得好人缘的秘诀。

点评

每个人都渴求得到别人的肯定，都希望别人多为自己想一些，这是基本的人性。但在人际交往当中，一个主动为你付出的人，和一个不断向你索取的人，你会选择谁当朋友？

我想答案肯定是前者，一个懂得多要求自己、经常说"我可以（为你）怎样怎样"的人，肯定是一个谁都愿意接近的人；而一个总用"你应该"去要求别人怎么做的人，大概谁都会敬而远之。

爸爸妈妈写给3年后的我的信，会让我铭记一生

今天我们全家去了湖南教育电视台做节目。

我感觉电视台的工作人员都非常专业，也很有亲和力，整个节目过程很顺利，让我十分感激。

节目最后，没有想到爸爸妈妈给了我一个“惊喜”——他们分别给3年后的我写了一封信。妈妈思考到了我人生中每一件可以更好地保护自己、善待他人应该做的事，字里行间，充满了一个慈母的关心和提醒；爸爸则是一如既往地勉励我，让我更富有正能量，走好人生的每一步路程。

听完爸妈的信，我非常感动，3年后的我，一定会是个让爸妈完全放心的孩子，到那时，我一定可以自己一个人，展翅翱翔。与此同时，我也觉得爸爸妈妈对如何做人，给我树立了很好的榜样：

创造惊喜，就会让人铭记一生。

下面附上爸爸妈妈给我的信。

先是妈妈的“如何做一个心灵的贵族”——

最亲爱的儿子：

你好！

妈妈在给3年后的你写信。

恭喜你以优异的成绩从大学毕业了。22岁的你将走向社会，步入更重要的人生旅程。

在这个时候，有些特别想强调的话，妈妈要对你讲。

首先，你要有安康的身体——没有什么比平安和健康更重要。请你，时时处处事事照看好自己，保护好自己，远离对你的安全和健康构成威胁的物、事、人。

其次，要有智慧的头脑。不仅智慧地面对外在的一切，更重要的是智慧地面对内在的自己。只有智者才会幸福快乐，才会举重若轻，才会游刃有余。

接下来，妈妈希望你有慈悲的心。悲天悯人，多做好事，广结善缘。

妈妈还希望你有高贵的灵魂。不谄媚，不世故，不随波逐流；懂爱，懂诗，懂远方。

拥有这四点，你就是一个心灵的“贵族”，一个强有力的人，就是最让妈妈放心的男子汉：人生的路上，你将无惧无忧，踏歌前行。

你18岁写出《管好自己就能飞》并畅销全国，传递的正能量影响无数同龄孩子。你是个很善于自我管理、自我负责的孩子，其实这四点，你一直都在努力。妈妈只是希望，你一如既往，且做得越来越好。妈妈对此坚信不疑！

深深地祝福你，最亲爱的儿子！

妈妈于你毕业前3年

然后是爸爸的“当生命的主人翁”——

亲爱的儿子牧天：

从当初在草地上躺在我怀里撒娇到从北京首都机场昂然走向世界，从在小学毕业那年去听我的全国讲座，到现在我在台下欣赏你的巡回讲座，仿佛就是一眨眼的工夫。你长大了。不仅是身材已比爸爸高半个头，而且你的见识和心性，也让我深深感到成长的力量和成熟的分量。我，为你自豪！

虽然你已经长大，而且取得了较为突出的成绩，但爸爸对你在深深祝福的同时，像每个父母对自己孩子那样对你有着无穷牵挂的同时，也对你有着特别的期盼：在以后的日子里，也许你会成为一个科学家或思想家、一个作家、企业家或其他什么家，或许你什么家也成不了，这些其实并不那么重要。重要的是，你不会得过且过，而能做到对自己的生命负责就行了。

为此，我殷切期望你是一个用心生活，勇于追求而且能对人生进行管理的人，并因此去思考这样一些人生的道理：

第一，要懂生活，更要懂生命。

第二，要有外在的风景，更要有内在的天堂。

第三，要能轰轰烈烈，更要能小事放光。

第四，要自信，更要自谦。

第五，要拿得起，更要放得下。

第六，要有本事赢得生命中的“贵人”，更要有志气成为对他人有帮助的“贵人”。

请相信：抱着感恩和负责的心去生活，你会找到一辈子取之不尽的奋斗动力。

如果你能对自己负责，对别人负责，在照亮自己的同时，也能照亮他人，甚至还有可能照亮后人，你就创造了人生的最大价值，就绝不会辜负这不再重来的此生。

亲爱的儿子，爸妈再爱你，也无法代替你走路，更无法代替你飞翔。希望你能用心去感悟生活，用脑去思考生活，用手去创造生活！

请坚信：只要你能当好自己生命的主人翁，人生该拥有的一切，都会在路上等你！

深深地祝福你！

永远爱你的爸爸

点评

爸爸妈妈给你写这封信，是我们对你爱的表达，也是对众多成长中的青少年的期望。

你们处于历史上难得的好时代，可以更好地追求理想，实现人生价值。当你们在往前走的时候，我们期望你们不要把主要的精力放到如何赚钱、如何出人头地这些方面，而要力争成为一个全面发展，创造人生整体丰盈的人。

为此，在以后的人生道路上，也再一次希望你，也祝愿所有的青少年，以联合国教科文组织国际21世纪教育委员会提出的“未来教育的四大支柱”，来要求自己：

学会生存、学会学习、学会做事、学会共同生活！